北斎時代の「絵手本」で「絵皿」を解く 2 鳥・仙人の巻

河村通夫 著

淡交社

もくじ

仙人の巻

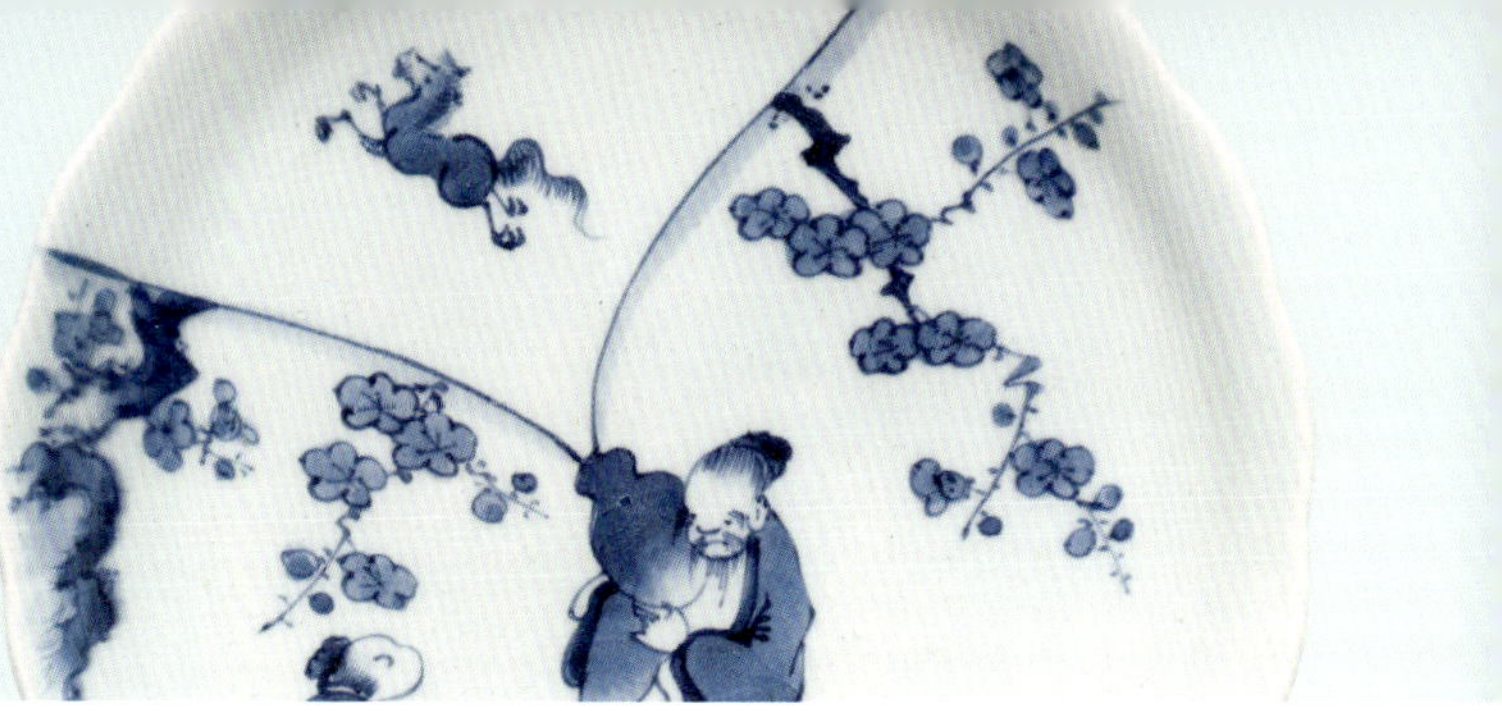

※変体仮名一覧は、187ページ

はじめに

北斎時代の「絵手本」で「絵皿」を解く 2

「雪中檜に小禽図」部分
酒井抱一画（写真は複製画）

鶺鴒（絵手本の絵）
橘守国画「絵本通宝志」

この本は、「画題《がだい》・絵解《えと》き図鑑《ずかん》」でもあります。

とある美術館で

ある時、美術館で開催されている、尾形光琳《おがたこうりん》や酒井抱一《さかいほういつ》などに代表される「琳派《りんぱ》」の展覧会を観《み》に行きました。

そこには、酒井抱一《さかいほういつ》が描《えが》かれた掛軸《かけじく》が飾られており、お題は、「雪中檜に小禽図《せっちゅうひのきにしょうきんず》」と記《しる》されておりました。その絵は、「白い雪の中に、常緑《じょうりょく》の檜《ひのき》の緑の葉が映《は》え、足下《あしもと》には、小禽《しょうきん》（小鳥）が遊ぶ」というもので、その雪と檜《ひのき》と小鳥との対比の美しさに見入ってしまいました。

その時、会場に来られていたご婦人方が、この絵を見ながら「雪の中の緑は美しいですね。ところで、この小鳥は何という名の鳥でしょうね」と話されているのが、聞こえて参りました。

しかし、見ず知らずの方に、お声を掛けるのも憚《はばか》られ、心の中で、「この小鳥は、名残《なごり》の雪の頃に見られる、伴侶《はんりょ》を探し求めている鶺鴒《せきれい》です」と、つぶやいておりました（上部の右の絵、左は絵手本の絵）。

その他《ほか》にも、「屏風《びょうぶ》に描《えが》かれた「秋海棠《しゅうかいどう》」の花などをご覧になり、「綺麗《きれい》な花ね。何の花かな」と言いながら、去って行かれました。

本シリーズに登場・登場予定の絵皿です

七福神「左官大黒・米蔵」

動物「狂獅子」

動物「秋海棠に白うさぎ」

もちろん、その会場には、きちんとした画題《がだい》や解説のされている作品も多いのですが、このように「絵解《えと》き」が定かにされていない作品も、かなり見られました。

画題図鑑や絵解き図鑑が出版されていなかった

その訳は、伝統的《でんとうてき》な日本の絵画《かいが》の、画題《がだい》や絵の意味を説明した「画題図鑑《がだいずかん》」や「絵解《えと》き図鑑《ずかん》」が今までに出版されていなかったからでございます。私も絵皿を集め始めた頃に、絵の意味を知りたく、書店などで探したのですが、絵図《えず》のない文章のみの「画題事典」（大正十四年・一九二五年刊　齋藤隆三著）はありましたが、絵図がないため、確かな絵解きをする事は出来ずじまいでした。

学芸員、研究者の悩み

江戸時代に描《えが》かれた絵の意味を、何の裏付けもなく、個人的な推測《すいそく》のみで絵解きをする事は、人として禁じ手です。そこで学芸員や研究者の方々と同じく、私も、今までに発表された文献《ぶんけん》などを探し、裏付けを取ろうとしたのですが、江戸時代の絵師の方々が描かれた絵の量は厖大《ぼうだい》で、まさに五里霧中《ごりむちゅう》でございました。そんな時、偶然《ぐうぜん》に出合ったのが、江戸時代の絵師の方々が教科書とされた「絵手本《えでほん》」でした。

江戸中期の絵手本《えでほん》の大家《たいか》「橘守国《たちばなもりくに》」画伯

江戸後期の葛飾北斎《かつしかほくさい》や渓斎英泉《けいさいえいせん》などの方々が、教科書とされた絵手本の作者に、のちに「画者《がしゃ》の釈尊《しゃくそん》」と呼ばれた「橘守国《たちばなもりくに》」画伯《がはく》がおられます。（詳しくは練雀《れんじゃく》［橘守国派］の項参照）

守国画伯《もりくにがはく》が多くの絵師たちに尊敬されていたことは、カバーの絵皿の練雀《れんじゃく》の絵も、酒井抱一《さかいほういつ》の掛《かけ》

中国人物「関羽春秋を好む」

魚貝「蜃気楼」

日本人物「養老の滝伝説」

軸《じく》の鶺鴒《せきれい》の絵も、はたまた本文の最初の絵皿の鵞《かしどり》の絵も、守国画伯の絵がお手本であるという事から、よく分かります。

北斎翁も「北斎漫画《ほくさいまんが》」などの絵手本を、出されておりますが、その漫画の絵には、守国画伯《もりくにがはく》の絵手本に載《の》っている絵が多々ございます。十二歳の頃に貸本屋《かしほんや》の小僧をされていた北斎翁は、多くの絵手本を見て、独学されたのでございましょう。

北斎時代の絵手本とは

守国《もりくに》画伯は、「絵本写宝袋《えほんしゃほうぶくろ》」（享保《きょうほう》五年・一七二〇年刊）や、「絵本通宝志《えほんつうほうし》」（享保十四年・一七二九年）など、九十巻以上の絵手本を出されております。その全ての本は、北斎翁がお生まれになる前のものです。

江戸中期に守国《もりくに》画伯や大岡春卜《おおおかしゅんぼく》翁の絵手本が出版されて以来、その影響を受けた江戸後期には、庶民《しょみん》が楽しめる浮世絵《うきよえ》などが花開き、北斎漫画をはじめとした、数多くの絵手本が出版されました。そこで、本書では「北斎翁が生きておられた頃の絵手本」を、「北斎時代の絵手本」と名付けさせて頂きました。

江戸時代の本の漢字には、ルビが振《ふ》ってある

江戸時代の子供たちは、寺子屋で「様々な平仮名《ひらがな》」を学びました。そして、その教科書や絵手本などの、ほとんどの漢字には、振《ふ》り仮名《がな》が振られております。つまり平仮名さえ読めれば、本が読めるという、愛のある学びでした。

文様「寿居富貴」

宝物縁起物「長寿尽くし」

山水「嶔危磨落」

ところが、明治三十三年（一九〇〇年）に、小学校令施行規則《しょうがっこうれいしこうきそく》によって、それまでの様々な平仮名は、現在の平仮名の字体《じたい》に統一され、それ以外の平仮名は、「変体仮名《へんたいがな》」と呼ばれ、教えられなくなりました。そして、この百年程の間に生まれた人々は、江戸時代の本が読めなくなり、絵手本なども片隅《かたすみ》に置かれ、画題《がだい》や絵の意味を知る「絵解きの文化」も途切《とぎ》れて行ったのでございます。

そこで、編集者の方々にお願いをし、変体仮名《へんたいがな》の一覧表を作って頂きましたので（187ページ）、本文と照らし合わせてお楽しみください。私も、変体仮名を知るだけで、絵手本など、江戸時代の本が読めるようになりました。

本の絵と文字によって、江戸の文化は生き続けた

もし、江戸時代に絵手本《えでほん》類がなかったなら、画題《がだい》や絵の意味を知る絵解《えと》き文化《ぶんか》は、残らなかっただろうと、つくづく感じ入っております。一巻目の「花《はな》・七福神《しちふくじん》の巻《まき》」に続いて、この二巻目の「鳥《とり》・仙人《せんにん》の巻《まき》」の原稿の校正《こうせい》も終え、今は三巻目の「動物《どうぶつ》・日本人物《にほんじんぶつ》の巻《まき》」の絵皿を眺《なが》めて、選考《せんこう》を致しております。そして、その後は、「魚貝《ぎょかい》・中国人物《ちゅうごくじんぶつ》と二十四孝《にじゅうしこう》の巻《まき》」、「山水《さんすい》と八景《はっけい》・宝物縁起物《たからものえんぎもの》の巻《まき》」、「文様《もんよう》・四方山話《よもやまばなし》の巻《まき》」と続け、画題や絵解きの全体像《ぜんたいぞう》を解《と》き明《あ》かしていければ、と思っております。

そして、江戸時代の絵手本が残されたように、次の時代の「世《よ》の子孫《しそん》」のためにも、残りの人生、「後世に残す絵解き全集」を念頭《ねんとう》に、このまま歩み続けるつもりでございます。

二〇二四年　秋

河村通夫

まず絵皿を眺め、推理をし、本文をお楽しみください。

この本の見方

人の「記憶力」や、物事への「理解力」は、推理《すいり》をする事によって格段《かくだん》に高まります。博物館などの絵を見て、説明文から読み始めると、それは与《あた》えられた情報のため、納得《なっとく》はできますが、「そうだったのか」との「心への響《ひび》き」は、希薄《きはく》なものでございます。

推理をする事は、答えを与えられる前に、自《みずか》らが疑問を持つ事であり、心の動きは、自分自身が主人公となります。そして、「より興味深く」、「より楽しく」物事を理解する事が出来ます。お皿の絵ばかりではなく、野の花や道具類、はたまた人の仕草《しぐさ》や生活様式などなど、推理はあらゆる物事の答えを主体的に導いてくれます。それでは、まずは江戸絵皿《えどえざら》で、「推理の人生」を含味《がんみ》され、この後の人生にお役立て下さい。

絵の意味などは次のようにして検証いたしました

●ジャーナリストの一人として、客観的な裏付けを取る事を基本としました。

●その裏付けは、主に江戸時代の版本《はんぽん》（和本）の絵や文章に従いました。

●版本は、江戸時代の狩野派《かのうは》などの「絵手本《えでほん》」を中心に用い、絵の意味を解いてゆきました。

●絵手本《えでほん》の祖師《そし》として、往時の絵師に尊敬された、江戸中期の「橘守国画伯《たちばなもりくに》」、「大岡春卜翁《おおおかしゅんぼく》」、そして後期に北斎漫画などの絵手本を出された「葛飾北斎翁《かつしかほくさい》」には、習わしとして、「画伯《がはく》」及び「翁《おう》」の敬称を用い、その他の絵師の方々には、敬称を略させて頂きました。

●絵皿の年代は、佐賀県立九州陶磁文化館二〇一九年刊「柴田夫妻コレクション総目録（増補改訂）」などに示されたものから比較し、確認をいたしました。

鳥の巻

紅葉《もみじ》に鶴《かしどり》（懸巣《かけす》）［絵手本《えでほん》と絵皿《えざら》］

この鳥の絵皿は、原稿の締切《しめき》りが迫《せま》り、執筆に追われていた最中《さなか》に見つけ、とにかく気になり、手に入れました。と申しますのも、その鳥は、細《こま》かいところまで密《みつ》に描《えが》かれており、長年の経験から、必ず確かなお手本があると直感《ちょっかん》したからでございます。お手本の絵を「忠実《ちゅうじつ》」に写《うつ》した絵皿は、その忠実の字の如《ごと》く「迷いのない素直《すなお》さの美」が感じられます。

そして漸《よう》く、そのお手本を見つける事ができ、見比べると、その外連味《けれんみ》のない、忠実に学《まね》ぶ（真似《まね》ぶ）美しさに感動致しました。そこで、この最後に出来た原稿を、最初に見て頂きたく、この鳥の絵をアップにし、外連《けれん》ではありますが、二巻目の初めとさせて頂きます。

それでは、絵解きの流れでございます。

橘《たちばな》守国《もりくに》画「絵本通宝志《えほんつうほうし》」（享保十四年・一七二九年）
鵥《かしどり》　かしら白《しろ》　くろき（黒）星《ほし》あり
羽《はね》あさぎ　こん（紺）のふあり
背《せ》むね　かき（柿）

まずは、京都の下河辺《しもこうべ》拾水《しゅうすい》が描《えが》かれた寛《かん》政版《せいばん》の「頭書増補訓蒙図彙《かしらがきぞうほきんもうずい》」で調べたところ、似たような鳥の絵があり、「鵥《かしどり》」と記《しる》されておりました。そこで鵥を辞書《じしょ》で調べたところ、漢字は「樫鳥《かしどり》」と書かれており、その名の如《ごと》く「樫《かし》の実」を好む「懸巣《かけす》」の別称《べっしょう》との事でした。この鳥は、鳩《はと》を一回り小さくした位の大きさで、小さな鳥とは違い、よく目立ちます。その上、羽の色の、黒と白と青のコントラストが絶妙《ぜつみょう》で、一度見れば忘れることが出来ない鳥でございます。

日本では、九州以北で巣をかける「留鳥《りゅうちょう》」で、秋に人里におりて来て、冬を過します。北海道にも、これまた美しい深山懸巣《みやまかけす》がおり、秋になると、庭に落ちた栗の実を集めて、落葉《おちば》の下に貯《たくわ》えているその姿を見ると、それは愛《いと》おしいものです。

伊万里焼《いまりやき》
江戸後期　七寸皿

ところで、絵皿に描《えが》かれている木は、秋に顔を見せてくれる、「懸巣《かけす》との取り合わせ」として、「紅葉《もみじ》」ではと推察《すいさつ》いたしましたが、一抹《いちまつ》の不安がありました。

さて、この「頭書増補訓蒙図彙《かしらがきぞうほきんもうずい》」に載《の》せられている数々の絵には、下河辺拾水《しもこうべしゅうすい》が橘守国画伯《たちばなもりくにがはく》の絵手本《えでほん》から学ばれたと思われる絵が、多々ございます。そこで探《さぐ》っていったところ、守国画伯の「絵本通宝志《えほんつうほうし》」（享保《きょうほう》十四年・一七二九年刊）に、このお皿の鳥の絵の、お手本とされた、そのものずばりの絵が載《の》っておりました。これで、取り合わせが紅葉《もみじ》であることも解《と》け、なんとか締切《しめき》りに間に合い、ほっと安堵《あんど》いたしました。……五月四日　北海道の山家にて。

日《ひ》の出《で》に鶴《つる》［丹鶴朝陽《たんかくちょうよう》］

伊万里《いまり》　志田焼《しだやき》
江戸後期　尺皿

「**日の出に鶴**」の図柄《ずがら》は、お正月や祝賀《しゅくが》の席の、掛軸《かけじく》などに描《えが》かれており、馴染《なじ》みのあるものでございます。

このお皿の絵には、**立浪**《たつなみ》の踊る中、まさに天空《てんくう》に昇らんとする**朝日**が光り輝き、その霊《れい》光《こう》を浴びて**丹頂鶴**《たんちょうづる》が舞っております。

「水と太陽」は、「全ての命の根源」であります。古くより人々は日の出を待ち、そして朝日の光に手を合わせては、日々の営みに感謝をいたしました。

その日々の営みは、「壮大な自然の営み」の中に包まれている事を、誰もが何かしら感

葛飾北斎《かつしかほくさい》画「北斎画譜《ほくさいがふ》 上編」
（嘉永二年・一八四九年）

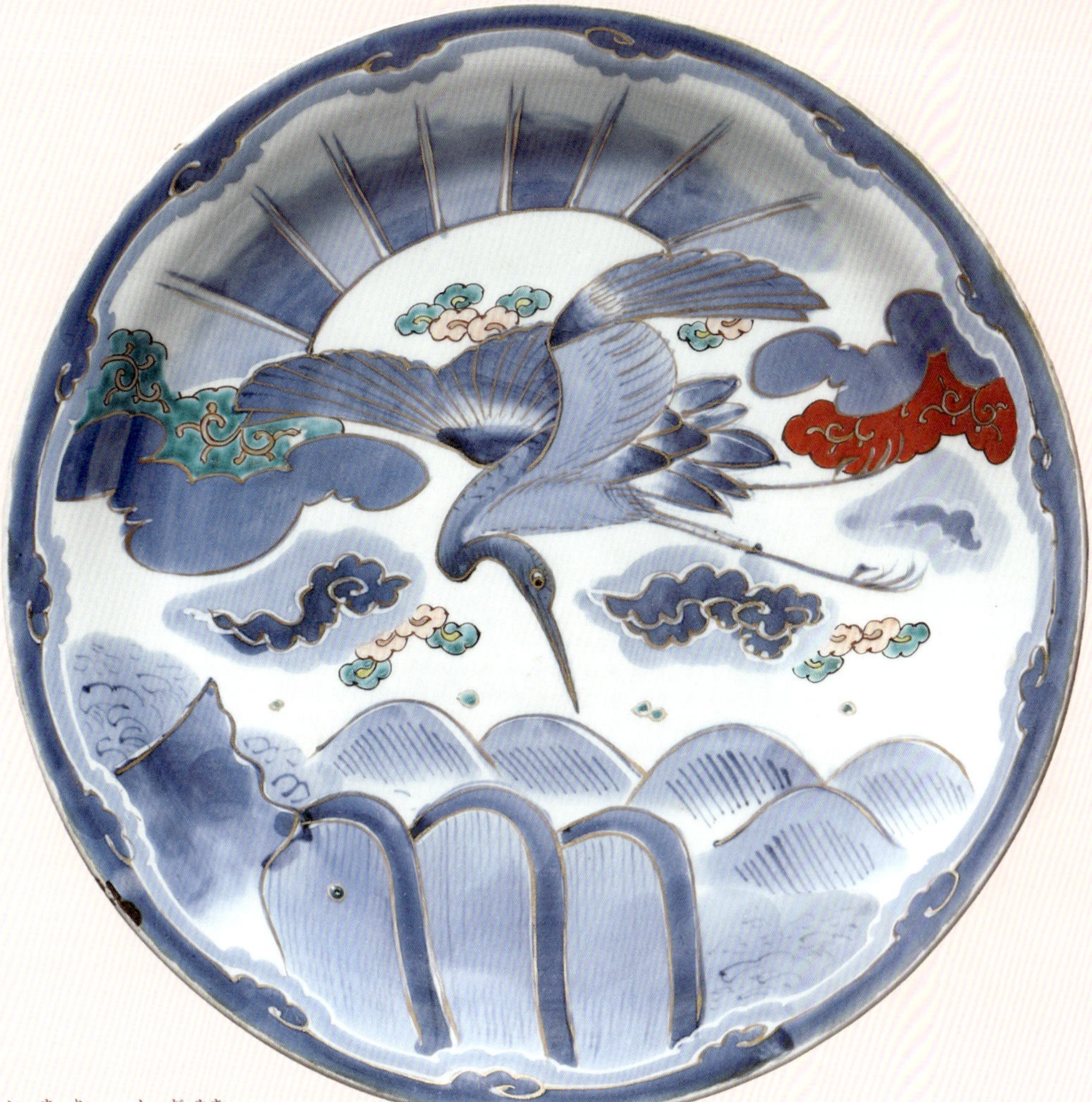

伊万里《いまり》　志田焼《しだやき》
江戸後期　一尺一寸皿

じているからこそ、朝日は賞《め》でられてきたのでございましょう。

また、それのみならず、その美しさ、そしてその輝きは、生きるための希望、繁栄、永遠などを感じさせてくれる、まさに光明《こうみょう》でございます。そこに瑞鳥《ずいちょう》の鶴が舞うとなれば、これはもう祝賀には申し分ございません。

北斎翁《ほくさいおう》も「北斎画譜《ほくさいがふ》 上編」（嘉永《かえい》二年・一八四九年刊）の中で、「尉《じょう》」と「姥《うば》」が「日の出に鶴」を賞《め》でている、「高砂の景《たかさごのけい》」を描《えが》いておられます。この様子は、「天下泰平《てんかたいへい》」と「長寿《ちょうじゅ》」を祝福《しゅくふく》しており、婚礼などでは、このような絵を飾り、「高砂やこの浦舟《うらぶね》に帆を上げて……」の小謡《こうたい》が謡《うた》われ、真《まこと》にめでとうございます。

伊万里《いまり》　志田焼《しだやき》
江戸後期　一尺二寸皿

佐野元恭《さのげんきょう》編「文林画譜《ぶんりんがふ》」
（明治十三年・一八八〇年）

鶴《つる》［初日影《はつひかげ》］

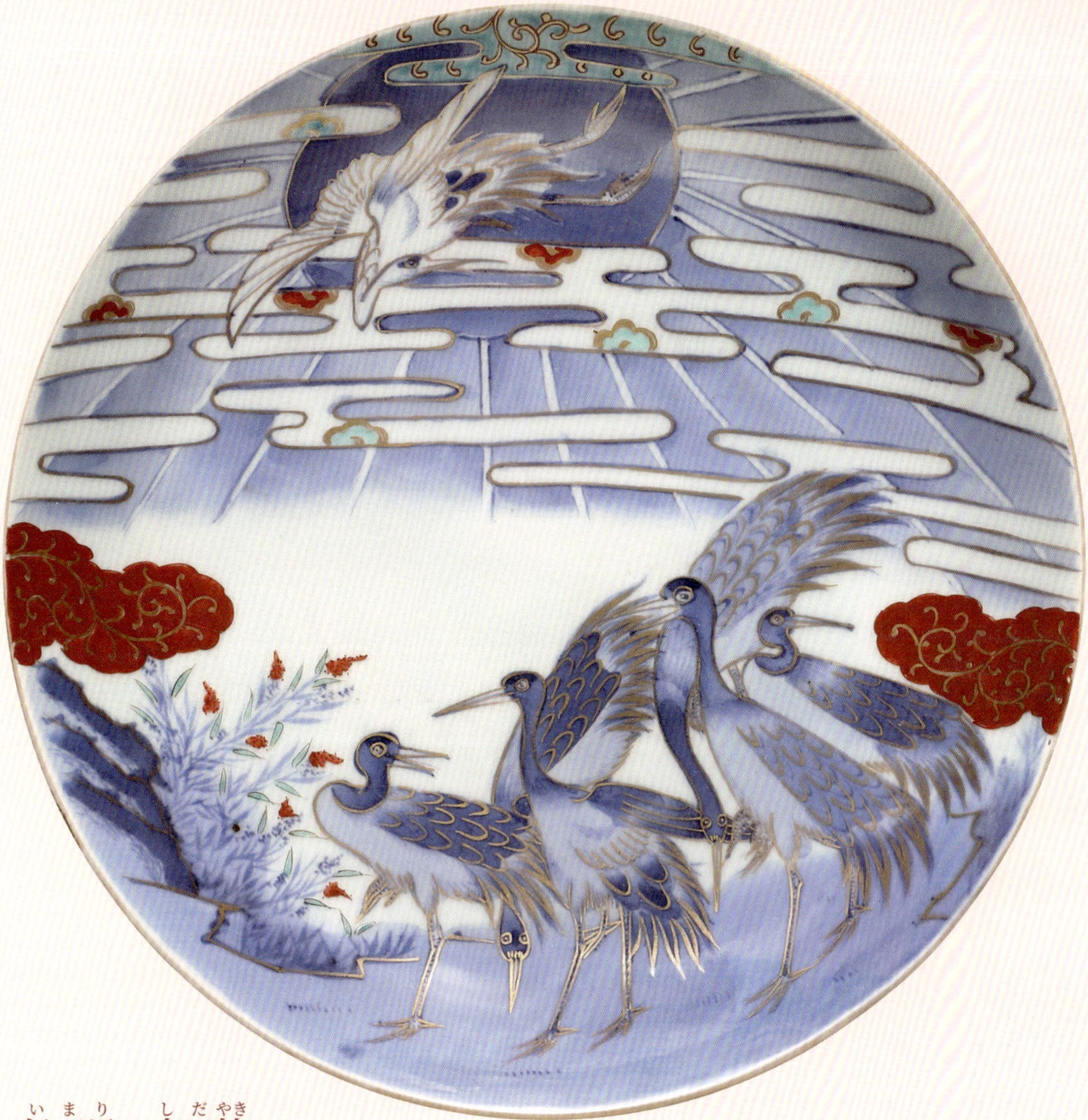

伊万里《いまり》　志田焼《しだやき》
江戸後期　一尺一寸皿

このお皿を初めて目にした時、その全体的な構図《こうず》と共に、霞《かすみ》からもれる「日脚《ひあし》」の美しさと、その表現の巧みさに、思わず見とれてしまいました。

お皿の絵には、古来、長寿の象徴として尊《たっと》ばれてきた「冬鳥《ふゆどり》の鶴《つる》」が、空に一羽舞《ま》い遊《あそ》び、地上には、六羽群れております。そこに、「難《なん》を転じる」として賞《め》でられる「南天《なんてん》」の赤い実が添えて描《えが》かれ、さらに、目出度《めでた》い兆《きざ》しの「瑞雲《ずいうん》」がなびいています。

ところで、南天の実は、お正月に生《い》け花《ばな》などとして飾られます。そこで、「朝日」に「鶴」に「南天」となれば、目出度《めでた》き元旦の「初日《はつひ》の出《で》」であろうと推考《すいこう》いたしました。

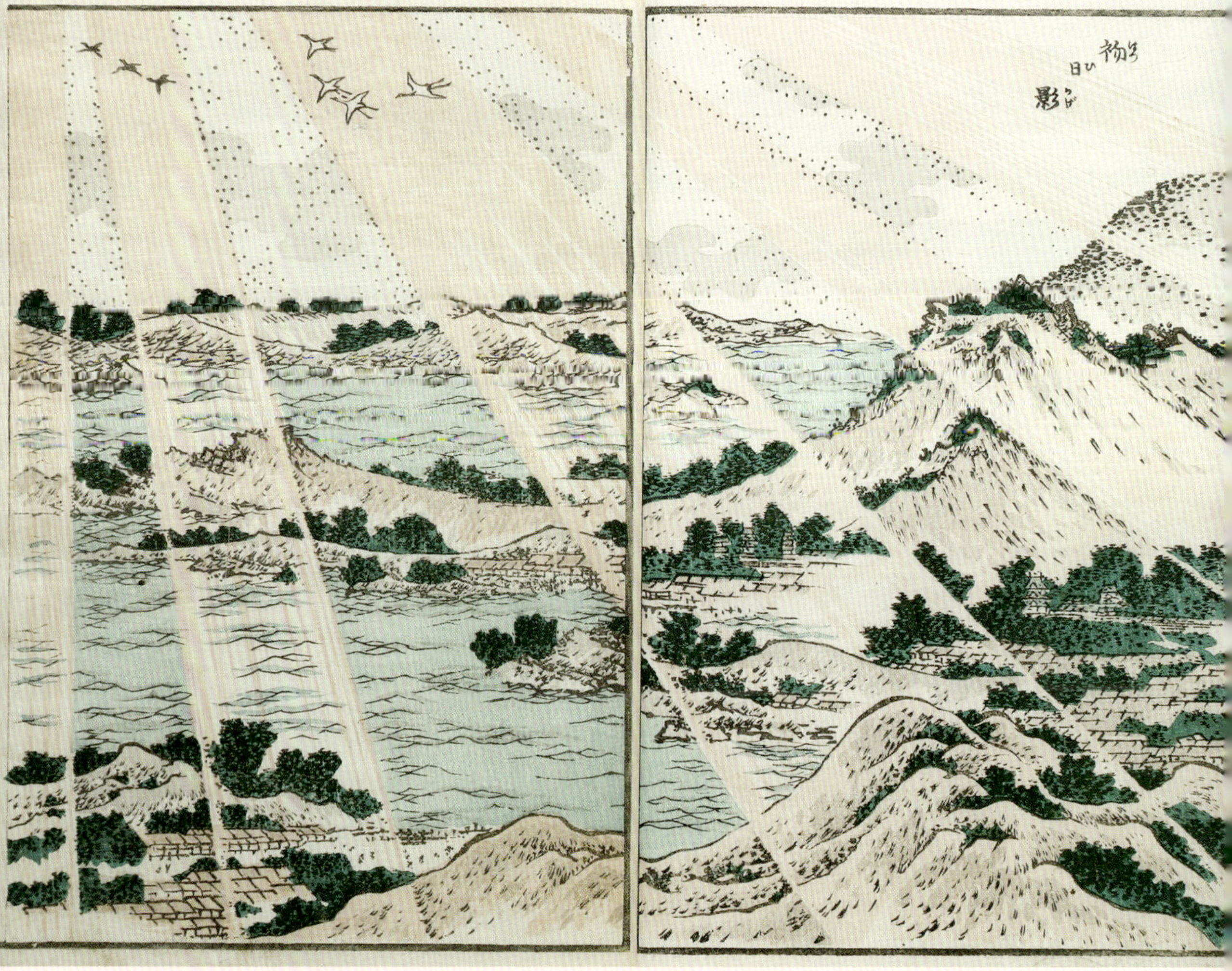

葛飾北斎画《かつしかほくさい》「北斎画譜《ほくさいがふ》 下編」（嘉永二年・一八四九年）

このお皿を手に入れた頃は、橘守国画伯《たちばなもりくにがはく》などの、江戸中期に出版された絵手本《えでほん》を中心に、絵解《えと》きをしておりました。その後、「北斎漫画《ほくさいまんが》」など、北斎翁《ほくさいおう》などが出された江戸後期の絵手本でも調べるようになりました。

さて、嘉永《かえい》二年（一八四九年）に編纂《へんさん》された、「北斎画譜《ほくさいがふ》 下編」（改訂前原題「良美灑筆《りょうびしゃひつ》」）に、見開《みひら》き全体に「日脚《ひあし》」を描《えが》き、その中に鶴が舞い飛び、下の方には、家並《いえなみ》と共に、人影が細やかに描写《びょうしゃ》された絵が載《の》っておりました。そしてお題は、「初日影《はつひかげ》」と有りました。

これで漸《よう》く、絵皿の意味の裏付けもとれ、絵解きとしては、一安心でございます。

そして、絵手本の「遠景《えんけい》」を、お皿に「近景《きんけい》」として描《えが》かれた絵師の感性は見事です。

浪《なみ》に鶴《つる》［華椿画《かちんが》］

伊万里《いまり》　志田焼《しだやき》
江戸後期　一尺二寸皿

このお皿の絵は、**鶴《つる》**の周《まわ》りに雲《くも》を描《えが》く事によって、白抜《しろぬ》きにされた鶴が浮かび上がり、より効果的《こうかてき》に表現されております。「**長寿の象徴**」とされる「**鶴**」と、「**生命の源泉《げんせん》**」である水の、その「**立浪《たつなみ》**」とを描いた「**浪《なみ》に鶴《つる》**」は、古くから賞《め》でられて参りました。

そして、このお皿の絵と同じ構図《こうず》の絵が、「椿山画譜《ちんざんがふ》」（明治十三年・一八八〇年刊）に載《の》っております。この画譜を描《えが》かれた絵師は、江戸時代の後期に、旗本槍組同心《はたもとやりぐみどうしん》から画業《がぎょう》を志《こころざ》された、「椿椿山《つばきちんざん》」でございます。

この方は、師の「渡辺華山《わたなべかざん》」が、幕府の攘《じょう》夷策《いさく》（外国を排する）を批判されて捕《とら》えられ、その後の蟄居中《ちっきょちゅう》に自害《じがい》された時、残された子息を迎えて、養子として育てられ、密《ひそ》かに亡

椿 椿山《つばきちんざん》画「椿山画譜《ちんざんがふ》」
（明治十三年・一八八〇年）

き師の墓参りを、されるようなお方でございました。椿山は、数百人の弟子を育てられ、その柔軟《じゅうなん》で温和《おんわ》な画風の流れは、「華山《かざん》と椿山《ちん》」の名前から「華椿画《かちんが》」系と呼ばれております。お皿の絵を描《えが》かれた絵師も、そのお弟子の一人かと思われます。

さて、嘉永《かえい》六年（一八五三年）に、アメリカのペリーが浦賀《うらが》に来航《らいこう》、そして阿部《あべ》正弘《まさひろ》老《ろう》中《じゅう》は、開国を決意され、神奈川条約《かながわじょうやく》（日米和親条約）を、嘉永《かえい》七年（一八五四年）に結ばれました。その後の井伊直弼《いいなおすけ》大老《たいろう》がその意志を継《つ》がれ、安政《あんせい》五年（一八五八年）に、日米修《にちべいしゅう》好通商条約《こうつうしょうじょうやく》を結び、調印《ちょういん》されました。思想《しそう》弾圧《だんあつ》を受けられた渡辺華山《わたなべかざん》が、お亡くなりになってから、十七年後の事でした。その時、椿山は、そっと師の華山に手を合わせ、報告をされた事でございましょう。

松《まつ》に鶴《つる》［松鶴長春《しょうかくちょうしゅん》］

伊万里《いまり》 志田焼《しだやき》
江戸後期 一尺一寸皿

松は常緑《じょうりょく》で、冬の寒さに負けず、寿命《じゅみょう》も長い事から、「**長青不老**《ちょうせいふろう》」（長《とこ》しえに青くして不老）として賞《め》でられて参りました。

因《ちな》みに、金閣寺の「陸舟《りくしゅう》の松《まつ》」は、足利義満《あしかがよしみつ》が愛された盆栽《ぼんさい》を移して、帆掛《ほか》け舟《ぶね》の形に仕立てたもので、樹齢《じゅれい》六〇〇年を超える五葉《ごよう》松《まつ》で、驚くばかりでございます。

また**鶴**は、「鶴は千年」と言われるように、これまた**長寿**の象徴として、描《えが》かれて参りました。

そして、中国の五行説《ごぎょうせつ》では、「青《あお》」は「春《はる》の色《いろ》」とされ、そこから「青春《せいしゅん》」の言葉が、生まれました。そこで、「とこしえに青い松」と、「長寿の鶴」を描《えが》いたものは、「**松鶴**《しょうかく》 **長**《ちょう》

伊万里《いまり》　志田焼《しだやき》
江戸後期　尺皿

春《しゅん》」と呼ばれ、「いつまでも若々しく」との意《こころ》で、主に「夫婦の長春」を祝うとして賞《め》でられて参りました。因《ちな》みに、古くは「緑《みどり》」も、「青《あお》の範囲」の色と、見なされていたようで、今も、青葉、青虫、青のりなどの言葉が残っております。

さて、左の色絵《いろえ》のお皿は、二枚一対《いっつい》で木箱に収められていました。そして、その箱には、購入された年《とし》や所有者の名前などが、書かれておりました。

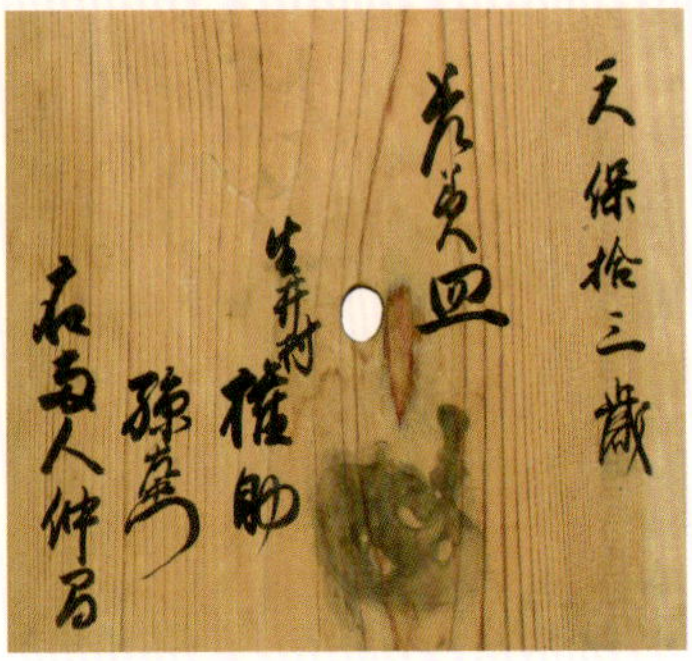

箱書
天保拾三歳《てんぽうじゅうさんさい》（一八四二年）
差美皿《さしみざら》
生井村
権助《ごんすけ》
孫左衛門《まござえもん》
右両人仲間《みぎりょうにんなかま》

当時の村の方々にとって、色絵《いろえ》のお皿は少々高価《こうか》だったため、二人で購入し、一枚ずつ共有されたのでしょう。人がまた、補いあって生きるのも、愛のある「愛《め》でる文化」の基《もとい》でございます。

北斎翁《ほくさいおう》も、「北斎画譜《ほくさいがふ》 下編」（嘉永二年・一八四九年刊）の中に描《えが》かれておりますが、こちらは、富士（不死）も添えられ、ほど良い暗示《あんじ》の絵心が伝わって参ります。

葛飾北斎《かつしかほくさい》画「北斎画譜《ほくさいがふ》 下編」
（嘉永二年・一八四九年）

若松《わかまつ》に鶴《つる》・老松《おいまつ》に鶴《つる》

「若松《わかまつ》に鶴《つる》」
伊万里《いまり》　志田焼《しだやき》
江戸後期　七寸皿

「**松に鶴**」の図柄《ずがら》は古来、「**長寿を象徴**」するものとして尊《とうと》ばれ、特に桃山時代から江戸時代にかけては、装飾性《そうしょくせい》に富む障壁画《しょうへきが》が、狩野派《かのうは》などによって描《えが》かれました。

丁度《ちょうど》その頃から「茶《ちゃ》の湯《ゆ》」が広まり、床《とこ》の間《ま》に掛軸《かけじく》が飾られ、人々は自宅において、絵画を目にする事が、出来るようになったのでございます。

そして、江戸中期から後期には、お皿の絵も、それまでの「文様的《もんようてき》な図柄《ずがら》」のみならず、「絵画的《かいがてき》な図柄《ずがら》」のものも作られ、飲食用ばかりでなく、掛軸のように季節に合わせて、床の間などに飾られました。

「老松《おいまつ》に鶴《つる》」
伊万里《いまり》　志田焼《しだやき》
江戸後期　一尺一寸皿

ここに取り上げました二枚のお皿には、「松に鶴」が描《えが》かれております。一枚目のお皿の松は、「若松《わかまつ》」が描かれております。若松とは生えてからまだ時を経《へ》ない松のこと。若松は門松《かどまつ》に使われるように、何かしら「若さと将来への希望」が感じられ、特に新年には喜ばれます。

そして、二枚目のお皿に描《えが》かれた「老松《おいまつ》」は、能舞台《のうぶたい》の正面の鏡板《かがみいた》などに見られるように、「年輪を重ねた見事な枝ぶり」が愛《め》でられ、このような老松を描いたものは、一年を通して飾られます。その時々の季節や祝意《しゅくい》に合わせて、図柄《ずがら》を選ぶ文化は、江戸時代に培《つちか》われたようでございます。

さて、若松のお皿の図柄《ずがら》は、「若松《わかまつ》に阿吽《あうん》

の鶴《つる》」（阿吽の鶴　34ページ参照）。そして丸味《まるみ》を帯びた文様は、何ぞや。そこで推理……。その答えは、めでたい瑞《しるし》の「瑞雲《ずいうん》」と絵解《えと》きいたしました。と言う訳で、絵皿の全てが、めでたしめでたしでございます。

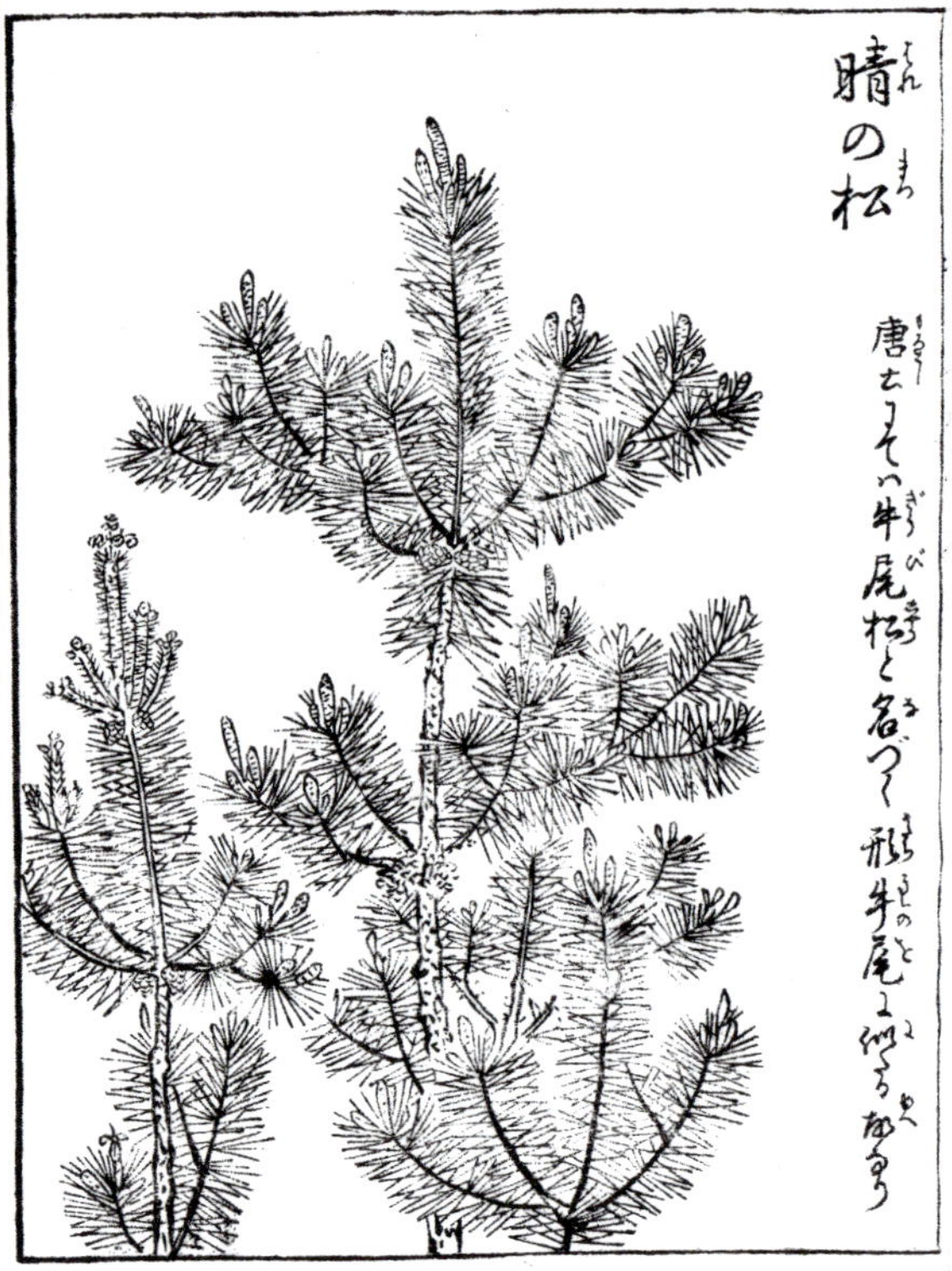

橘守国《たちばなもりくに》画「絵本鶯宿梅《えほんおうしゅくばい》」
（元文五年・一七四〇年）
上：千歳老松花橘《せんざいのらうしやうはなたちばな》　下：晴《はれ》の松《まつ》（若松）

竹《たけ》に鶴《つる》［花吹雪《はなふぶき》］

伊万里《いまり》　志田焼《しだやき》
江戸後期　一尺一寸皿

「竹に鶴」の図柄《ずがら》は、よく見かけますが、このお皿には、何やら花弁《はなびら》のようなものが舞っております。この絵の季節は、鶴が北から渡って来ている、冬でございます。そして竹は、冬の寒さに堪《た》える三種の植物を愛《め》でた、「歳寒三友《さいかんさんゆう》」の一種で、その三友とは、おなじみの「松竹梅《しょうちくばい》」であります。

「松竹梅」と言えば、どなたもがご存じのお正月の門松《かどまつ》に、その三種が見られます。また室内においても、正月花《しょうがつばな》の松竹梅の生花《いけばな》や、長寿の象徴である「鶴亀《つるかめ》」の細工物《さいくもの》などが、床《とこ》の間《ま》に飾られて参りました。

その「松竹梅」や「鶴亀」は、古くより、良い縁起《えんぎ》を招くものとして、絵画《かいが》にも描《えが》かれ、今も暮らしの中で親しまれております。

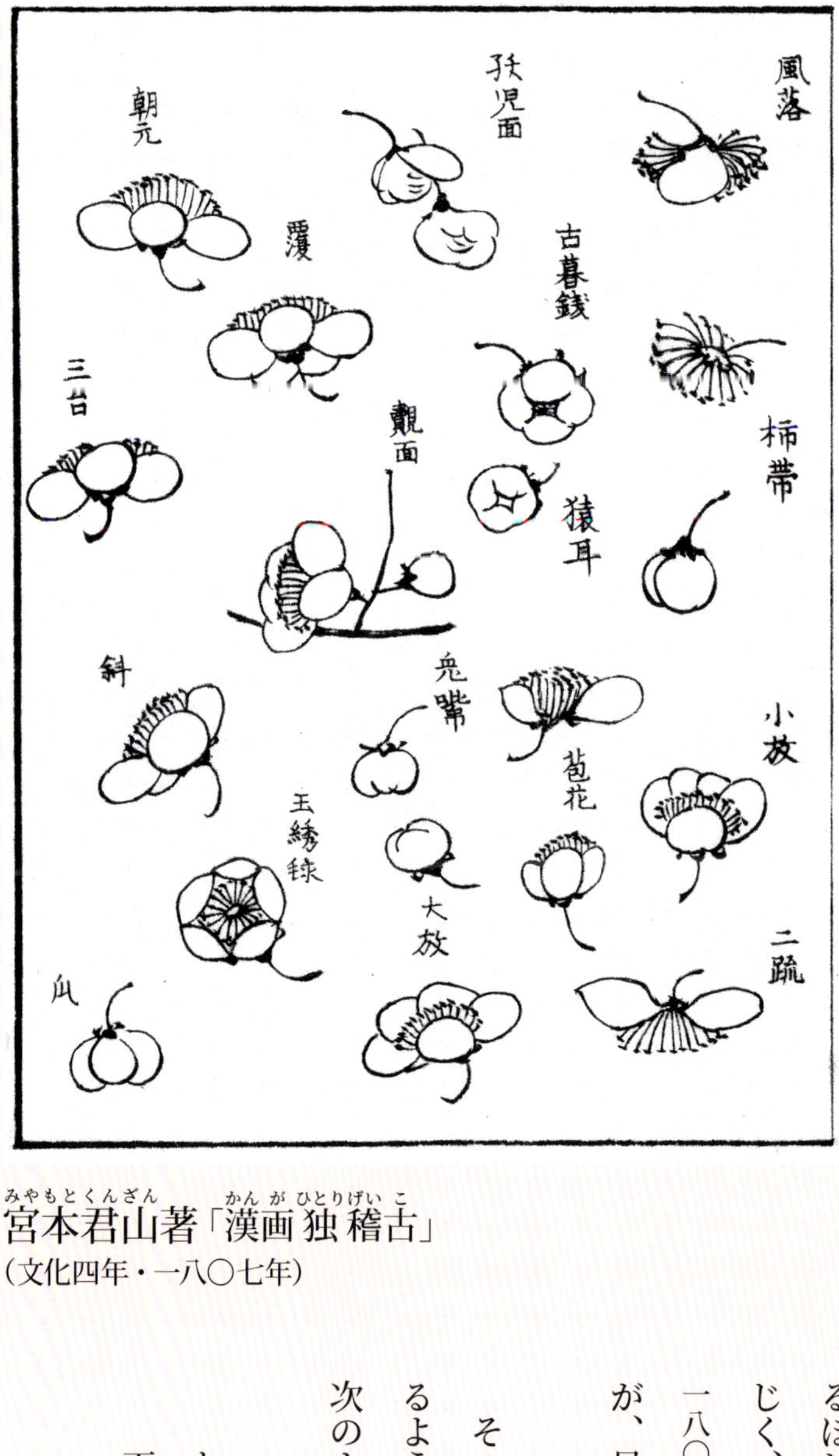

宮本君山《みやもとくんざん》著「漢画独稽古《かんがひとりげいこ》」
（文化四年・一八〇七年）

さて、寒い季節に逸早《いちはや》く花を咲かせる木は、梅であります。さすれば、お皿の絵の花弁《はなびら》は、梅の花と解く事が出来ます。そして、そこに寒さに負けぬ竹と鶴となれば、松と亀は見えねども「竹梅《ちくばい》に鶴《つる》」、これもまた妙味《みょうみ》でございます。

梅の花は、「万葉集《まんようしゅう》」（奈良時代）において、なんと萩《はぎ》に次いで、約百二十首も詠《よ》まれているほど愛《め》でられたようで、絵画《かいが》においても同じく、江戸後期の「漢画独稽古《かんがひとりげいこ》」（文化《ぶんか》四年・一八〇七年刊）には、数多くの梅の花の描《えが》き方が、見事に示されております。

その「万葉集」に、「天から雪が流れて来るように、梅の花が散っている」と言う意《こころ》の、次のような歌が詠《よ》まれております。

わが園に　梅の花散る　ひさかたの
天より雪の　流れくるかも
大伴家持《おおとものやかもち》

竹《たけ》に双鶴《そうかく》［節操《せっそう》］

伊万里《いまり》　志田焼《しだやき》
江戸後期　一尺一寸皿

鶴が愛《め》でられるのは、長寿の意ばかりでなく、「夫婦仲《ふうふなか》」がとても良い事で、知られているからでございます。

「一雄一雌《いちゆういっし》」の鶴は、常日頃から、必ず寄り添って行動いたします。そして、何方《どちら》かが欠けるまで生涯離れずに暮らすとされております。餌場《えさば》で群れている鶴も、実は夫婦と子供との家族が基本であり、そのそれぞれの家族が沢山集まり、「群《む》れ」となっております。

その夫婦愛の一つの証《あかし》として、昭和四十八年十二月に、鹿児島の出水市《いずみし》で、羽を傷《いた》めた雄鶴《おんづる》が保護されたところ、雌鶴《めんづる》が心配をして、上空を舞いながら鳴き続け、雄鶴もそれに呼《こ》応《おう》して鳴き合い、その声は、しばらく続いたそうでございます。

大岡春卜《おおおかしゅんぼく》写画　周徳原画
「和漢名筆画本手鑑《わかんめいひつえほんてかがみ》」
（享保五年・一七二〇年）

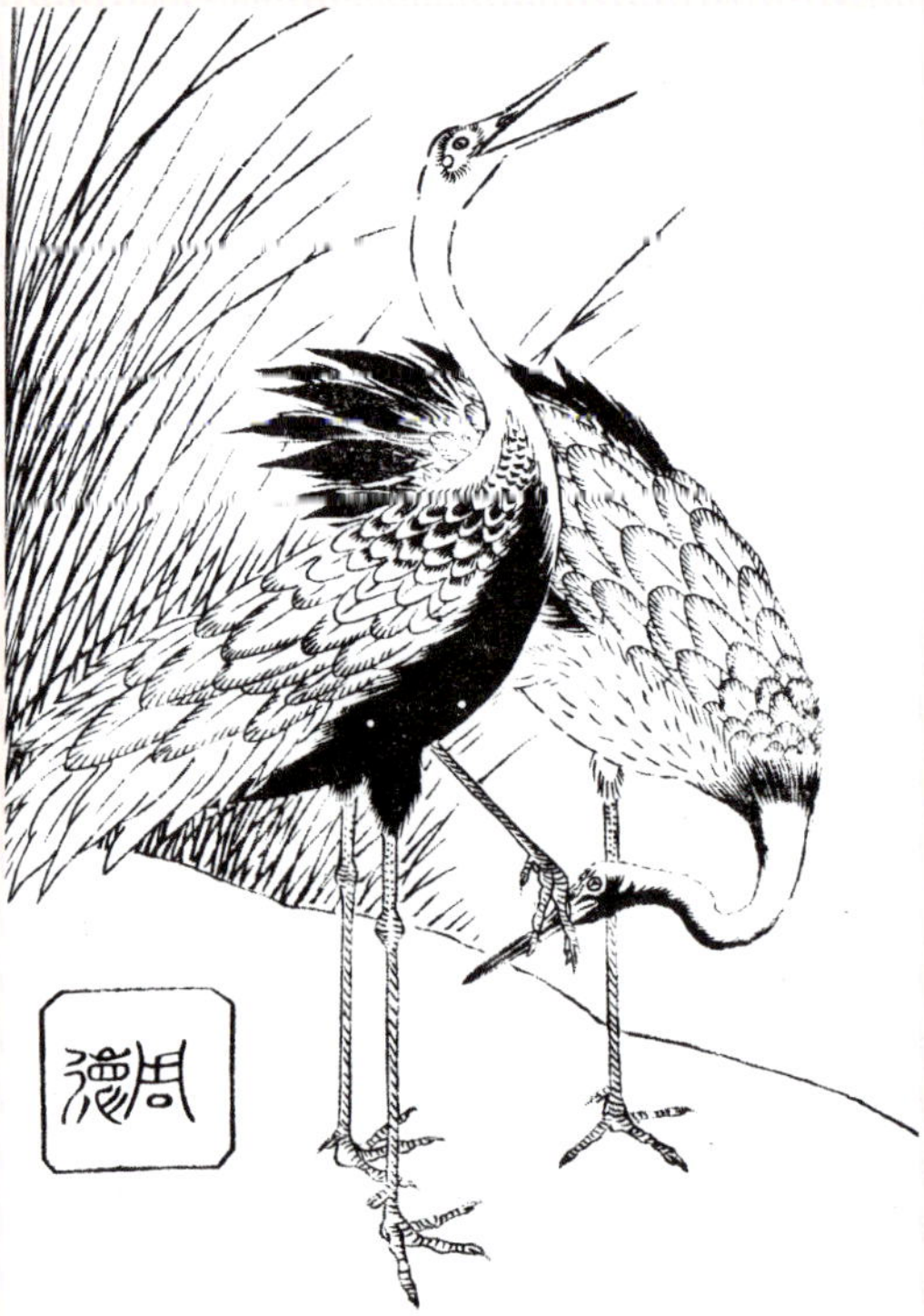

渓斎英泉《けいさいえいせん》画「浮世風流諸職画譜《うきよふうりゅうしょしょくがふ》」
（天保八年・一八三七年）

その後、三月になって、他の鶴がシベリアに帰っても、雌鶴《めんづる》は五月まで残っていたそうで、その後帰郷《ききょう》いたしました。そして、再びこの年の晩秋《ばんしゅう》に、第一陣の群れの一羽としてやって来たその雌鶴は、雄鶴のいる保護舎《ほごしゃ》の上空で、舞いながら鳴いていたとの事です。ようやく雄鶴も元気になり放鳥《ほうちょう》されると、夫婦は共に冬を過ごし、三月には、仲間と群れ立って、シベリアに帰って行ったそうでございます。

このお皿の「竹《たけ》に双鶴《そうかく》」の図柄《ずがら》は、節《ふし》のある竹の節操《せっそう》と、鶴の節操とを、共に愛《め》でられているのでございます。

それにしましても、経済《けいざい》などに心を迷わせる事なく、お互いを愛《め》で、純粋《じゅんすい》に「愛し愛される」鶴を、先人も純粋な心で描《えが》いておられます。

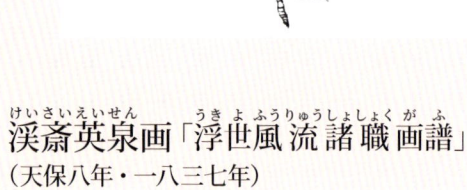

阿吽《あうん》の鶴《つる》［初《はじ》めと終《おわ》り］

伊万里《いまり》　志田焼《しだやき》
江戸後期　尺皿

この絵皿には、中央に二羽の鶴が向い合って描《えが》かれ、その周《まわ》りは、水流《すいりゅう》を回転させた、「捻割《ねじわ》り」の構図《こうず》になっております。そして縁文様《ふちもんよう》も、回転する小さな渦《うず》が次々と繋《つな》がった、「渦巻帯文《うずまきおびもん》」にされており、それに二羽の鶴も、逆《さか》さまの姿をした、「回転文様《かいてんもんよう》」でございます。

さて、このお皿を買い求められた当時の方は、どんな思いで、この絵を御覧になったのでしょうか。それは、何事も上手《うま》く回ってほしいとの、細《ささ》やかな思いだったのでございましょう。

「回《まわ》る」と言う言葉には、「ゆきとどく」との意味がございます。そこで、「暮らしが回る」、「智恵が回る」、「金が回る」や、その

渓斎英泉《けいさいえいせん》編「諸職《しょしょく》必要紋切形《ひつようもんきりがた》」（弘化五年・一八四八年）

あうんの法
あうんの事は、背《せ》表《おもて》
はらうら左右《さゆう》に
わかつなり。今上に
図《づ》せしは、背を
見てさだめたり
余《よ》はなぞらへてしるべし

逆の「手が回らない」、「頭が回らない」などの言葉が生まれました。回転を意識した意匠《いしょう》（デザイン）には、「物事が滞《とどこお》る事なく回る」との意味があったようでございます。

ところで、「**むかい鶴《づる》**」の意匠《いしょう》で描《えが》かれた二羽の鶴は、一羽が口を開《あ》けた「**阿**《あ》」の姿で、もう一羽が口を閉《と》じた「**吽**《うん》」の姿をしており、この二羽で「**阿吽**《あうん》」を表現しております。「阿吽《あうん》」の「阿《あ》」は、口を開いて出す最初（元）の音、そして「吽《うん》」は、口を閉じて出す最後（末）の音。そこで「**万物《ばんぶつ》の初めと終り**」を表わし、「**原因《げんいん》と結果《けっか》**」の象徴《しょうちょう》とされています。そして、物事は終わっても、それが次の何かの初めへと続いております。人生も、命も、全ては一続きに回っているのでございます。

今もお寺の門や神社において、仁王《におう》様や獅子《しし》、狛犬《こまいぬ》などの阿吽の姿を見かけると、しばし足を止め、生命《いのち》の元の、父母の事や自分の生い立ちに、思いを回《めぐ》らしております。

そんな「阿吽《あうん》の鶴《つる》」を、北斎翁《ほくさいおう》を慕《した》われた「渓斎英泉《けいさいえいせん》」も、「諸職《しょしょく》必要紋切形《ひつようもんきりがた》」（弘化《こうか》五年・一八四八年刊）の中で、示されております。

上向《うわむ》き亀《かめ》に下向《したむ》き鶴《つる》

伊万里《いまり》　志田焼《しだやき》
江戸後期　尺皿

江戸時代の中期になりますと、名手《めいしゅ》の絵師の中には、請《こ》われて版本《はんぽん》の挿絵《さしえ》を描《えが》く方々が、出て参りました。

その中で、京都の紙屋川《かみやがわ》の畔《ほとり》に住まわれていた、「下河辺《しもこうべ》拾水《しゅうすい》」は、当時の図説百科事典で有名な、「頭書増補訓蒙図彙大成《かしらがきぞうほきんもうずいたいせい》」など、多くの絵本や教訓本に、味わいのある絵を描《えが》かれました。拾水《しゅうすい》が挿絵《さしえ》を描かれた本の中の一つに、心学者《しんがくしゃ》の手島《てじま》堵庵《とあん》が著《あら》わされた、「御代《みよ》の恩沢《うるおい》」（寛政《かんせい》二年・一七九〇年刊）がございます。

その本の絵には、鶴と亀が、向き合うように描《えが》かれており、この構図は、一つの定形だったようで、その事は、お皿の絵からも窺《うかが》い知る事が出来ます。

手島堵庵《てじまとあん》著　下河辺拾水《しもこうべしゅうすい》画「御代《みよ》の恩沢《うるおい》」
（寛政二年・一七九〇年）

伊万里《いまり》　志田焼《しだやき》
江戸後期　一尺三寸皿

このような、首を上に向けている亀は、「上向《うわむ》き亀」と呼ばれており、その思いは「長寿で上向き」、そして「下向《したむ》き鶴」は、めでたさが、舞い降りて来る様《さま》でございます。

舞鶴《まいづる》に亀甲《きっこう》［橘保国《たちばなやすくに》］

伊万里《いまり》　志田焼《しだやき》
江戸後期　尺皿

名古屋の骨董祭《こっとうさい》で出合った、このお皿の「**鶴の舞う姿**」には、心底《しんそこ》目を奪われ、しばらく見入っておりました。このお皿が、絵付《えつ》けをされて焼かれたのは、志田焼《しだやき》の歴史から、江戸後期の天保《てんぽう》の頃と思われますが、お皿の絵を描《えが》いた絵師は、お手本の筆致《ひっち》を忠実に学ばれていたようで、それが絵の細部から窺《うかが》えます。

そのお手本にされただろうと思われる一つに、江戸中期に出された「絵本詠物選《えほんえいぶつせん》」（安《あん》永《えい》八年・一七七九年刊）があります。そこには、いくつもの舞鶴《まいづる》の絵が描《えが》かれており、その中にお皿の絵と同じような、鶴の姿がございました。

この絵手本《えでほん》を描《えが》かれたのは、「法橋《ほっきょう》」の位《くらい》を授与《じゅよ》された狩野派《かのうは》の「橘保国《たちばなやすくに》」で、その

父君《ちちぎみ》は、江戸期の絵師に多大な影響を与えた、「橘守《たちばなもり》国《くに》」画伯《がはく》（一六七九年～一七四八年）でございます。

現代では、あまり知られていない橘守国画伯ですが、若き日より狩野派の門人として学ばれ、抜群《ばつぐん》の技量のみならず、幅広い分野に精進され、その博識《はくしき》、教養《きょうよう》においても、比類《ひるい》なき巨匠《きょしょう》でございます。そして三十六歳から、お亡くなりになる七十歳までの間に、なんと九十冊ほどもの絵手本を描《えが》かれました。御子息の橘保国も、数はそんなに多くありませんが、この「絵本詠物選《えほんえいぶつせん》」のほかにも、「絵本野山草《えほんのやまぐさ》」など、秀逸《しゅういつ》な絵手本を残されております。

舞鶴

橘保国《たちばなやすくに》画「絵本詠物選《えほんえいぶつせん》」
（安永八年・一七七九年）

その橘父子《ふし》のお陰で、北斎翁《ほくさいおう》をはじめ、江戸中期から後期の絵師の腕は磨かれ、このお皿のような、味わいのある絵が人々の手に渡ったのでございます。

お皿の文様の意は、「舞鶴《まいづる》」と「亀甲《きっこう》つなぎ」で「鶴亀《つるかめ》」、長寿を賞《め》でております。

ところで、二枚目のお皿（次ページ上）は、鶴が舞う、そのすがたは一枚目のお皿と全く

「舞鶴《まいづる》に霞《かすみ》」
伊万里《いまり》　志田焼《しだやき》
江戸後期　尺皿

伊万里《いまり》　志田焼《しだやき》
江戸後期　尺皿

同じでございますが、亀甲紋ではなく、「エ霞《えがすみ》」（65ページ参照）が描かれております。

鶴に霞は、「万葉集《まんようしゅう》」にも大伴《おおともの》家持《やかもち》が、「海原《うなはら》に霞たなびき鶴《たづ》が音《ね》の　悲しき宵《よひ》は国辺《くにへ》し思ほゆ」などと詠い、紋様にもなっております。

また、三枚目のお皿は舞鶴ではなく、「**鶴の丸**」が「**梅亀甲**」とともに描《えが》かれております。どちらも家紋に大変喜ばれた紋様で、こちらも一枚目のお皿と同様に「鶴亀」。長寿を寿《ことほ》いでおります。なお、鶴は口の開いた「**阿**《あ》」と閉じた「**吽**《うん》」の姿になっておりますが、このお話しについては、別の項目でお楽しみください（阿吽《あうん》の鶴　34ページ）。

練鵲《れんじゃく》［橘守国派《たちばなもりくには》］

伊万里焼《いまりやき》
江戸中期〜後期　九寸皿

江戸中期に出版された、「絵本通宝志《えほんつうほうし》」（享《きょう》保《ほう》十四年・一七二九年刊）に描《えが》かれている「練《れん》鵲《じゃく》」の絵を、そのまま写したお皿に出合う事が出来ました。

中国に棲《す》む練鵲《れんじゃく》は、その美しい「尾羽《おばね》」を、官人《かんにん》の官位《かんい》によって授与《じゅよ》される「綬帯《じゅたい》」（組《く》み紐《ひも》の帯）とみなし、「綬帯鳥《じゅたいちょう》」とも呼ばれ、狩野派《かのうは》などによって描《えが》かれて参りました。次ページの絵手本《えでほん》の絵は、その狩野派の江戸中期の絵師で、後に江戸後期の北斎翁《ほくさいおう》や渓斎英《けいさいえい》泉《せん》などの絵師の方々が「画者《がしゃ》の釈尊《しゃくそん》」と崇《あが》めた、「橘守国《たちばなもりくに》」画伯《がはく》の精密《せいみつ》画でございます。

橘《たちばな》守国《もりくに》画伯は、絵師を志す若者が、なか

橘守国《たちばなもりくに》画「絵本通宝志《えほんつうほうし》」
（享保十四年・一七二九年）

なか「粉本《ふんぽん》」（手本の絵）を手に入れられず不自由している事に、自分も同じ思いをしてきたとして、数々の絵手本《えでほん》の出版に心血《しんけつ》を注《そそ》がれました。

ところがその頃、狩野派の技法は門外不《もんがいふ》出《しゅつ》とされていたため、破門《はもん》の憂《う》き目《め》に遭《あ》われたと言われております。しかし、そのお陰で多くの若者が、版本《はんぽん》の絵手本から画題や技法を学び、直接に教えを受けずとも、画伯に私《し》淑《しゅく》をし、密《ひそ》かに「橘守国《たちばなもりくに》派《は》」であると、自任されていた事が窺《うかが》われます。このお皿の絵を描《えが》いた絵師も、その一人だったのでしょう。そして、その流れを汲《く》み、江戸後期には、浮世絵や絵皿などの、庶民文化の花が開いたのでございます。

さて一年程前に、橘守国《たちばなもりくに》画伯が描《えが》かれた、双幅《そうふく》（一対）の「山水」の掛軸《かけじく》を求めました。そして軸箱《じくばこ》の蓋《ふた》を開けたところ、なんと驚くことに、その蓋の裏に、守国画伯が破門《はもん》になった理由が、次のように記《しる》されておりました。

「橘守国《たちばなもりくに》ハ楢原氏《ならはらし》、名ハ有税《ゆうぜい》、通称《つうしょう》徳兵衛、後ち素軒《そけん》と号《ごう》す。画を鶴澤探山《つるざわたんざん》に学び、頗《すこぶ》る狩野家《かのうけ》の骨法《こっぽう》を得《え》て、一機軸《いっきじく》を出《い》だせり。嘗《かつ》て土佐家《とさけ》の古図《こず》を模写《もしゃ》し、彫刻《ちょうこく》して画学本《がくぼん》とす。狩野家之《これ》を聞き、我宗《わがそう》の秘法《ひほう》を漏《も》らせるとなし、鶴澤氏を責《せ》む。因《よ》りて師家を破門《はもん》せらる。寛文《かんぶん》(ママ)元年十月十七日没す。年七十才なりき」（橘守国　一六七九年～一七四八年）

それでは、少し長くなりますが、橘守国《たちばなもりくに》画伯より、百十二歳年下の渓斎英泉《けいさいえいせん》が、「无《む》名翁随筆《めいおうずいひつ》」の中で、守国画伯について書かれた一文を、ご覧ください。

「狩野流の骨法《こっぽう》を不失《うしなわず》、刻板《こくはん》の画に妙を得たり、精密奇巧此人《せいみつきこうこのひと》より起る。刻する所数種、天保《てんぽう》の今に至る迄盛《さかん》に世に行る。書画《しょが》ともに善《よく》す。文学博識《ぶんがくはくしき》の秀才《しゅうさい》なる故《ゆえ》に世の画師《えし》の為に、広く画法《がほう》を伝へ、粉本《ふんぽん》にともしからざる為にせんとて、精力《せいりょく》を費《ついや》し、図を巧傍《たくみかたわら》に其意を誌《しる》して是《これ》を板刻《はんこく》せしむ。画本の著述古今《こん》に比類《ひるい》なし。名手《めいしゅ》世に知る処《ところ》なり。……中略…… 画法の奥義《おうぎ》を極め、其業《そのぎょう》に達して画本をあらはし、諸職《しょしき》の助《じょ》となして、是《これ》が為に世上《せじょう》に其業《そのぎょう》の力を得る者幾ばくならん。皆此《みなこれ》精巧《せいこう》に仍《よ》る。尋常《じんじょう》の浮世絵師に列《れっ》する人にはあらずといへども、板刻《はんこく》の画に名を得たれば姑《しばら》く爰《ここ》に挙《あ》ぐ。画者の釈尊《しゃくそん》とも云べき神《しん》伝《でん》の開手《かいしゅ》なるべし」。

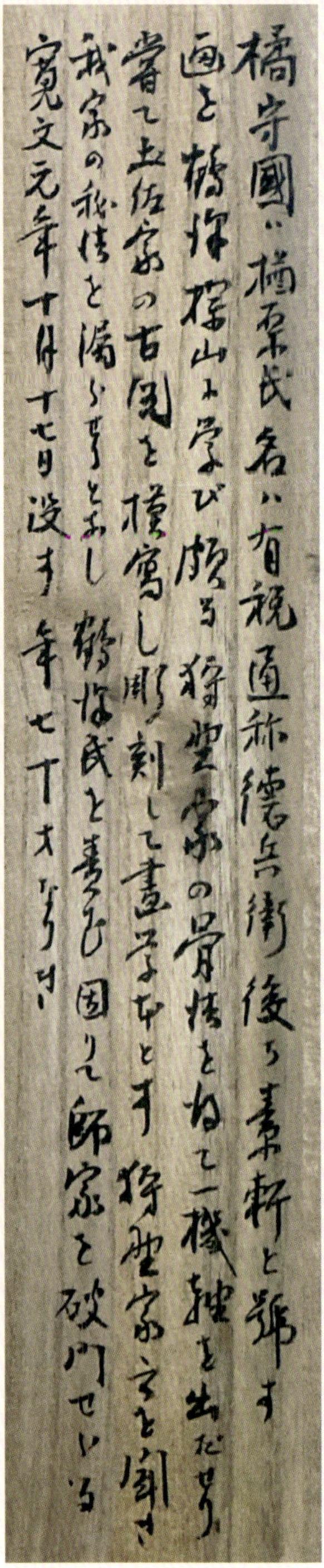
橘守国《たちばなもりくに》「山水双幅《さんすいそうふく》」軸箱の蓋裏

練鵲《れんじゃく》［練《ね》り絹《ぎぬ》の帯《おび》のような尾羽《おばね》］

伊万里《いまり》　志田焼《しだやき》
江戸後期　一尺二寸皿

尾の長い鳥は、その優美《ゆうび》さ故に人の心を惹《ひ》きつけ、古くより愛《め》でられて参りました。しかし、このお皿に描《えが》かれた、尾の長い鳥の名前に、辿《たど》り着くまでには、かなりの年月がかかりました。

と言いますのも、当時の絵手本《えでほん》などを見ても、尾の長い鳥は、数種描《すうしゅえが》かれており、そこに記《しる》されている名は、「練鵲《れんじゃく》」、「寿帯鳥《じゅたいちょう》」、「山鵲《さんじゃく》」、「三光鳥《さんこうちょう》」、「烏鳳《おながどり》」などがあります。ところが、その区別の目安となる、頭飾《あたまかざ》りの「冠羽《かんう》」が、絵師によって、同じ鳥の名でありながら、あったりなかったりと、定まっていないのです。また、日光東照宮《にっこうとうしょうぐう》の彫刻では、冠羽《かんう》のあるものを練鵲ではなく「山鵲」とされております。

中村惕斎《なかむらてきさい》編「訓蒙図彙《きんもうずい》」
（寛文六年・一六六六年）

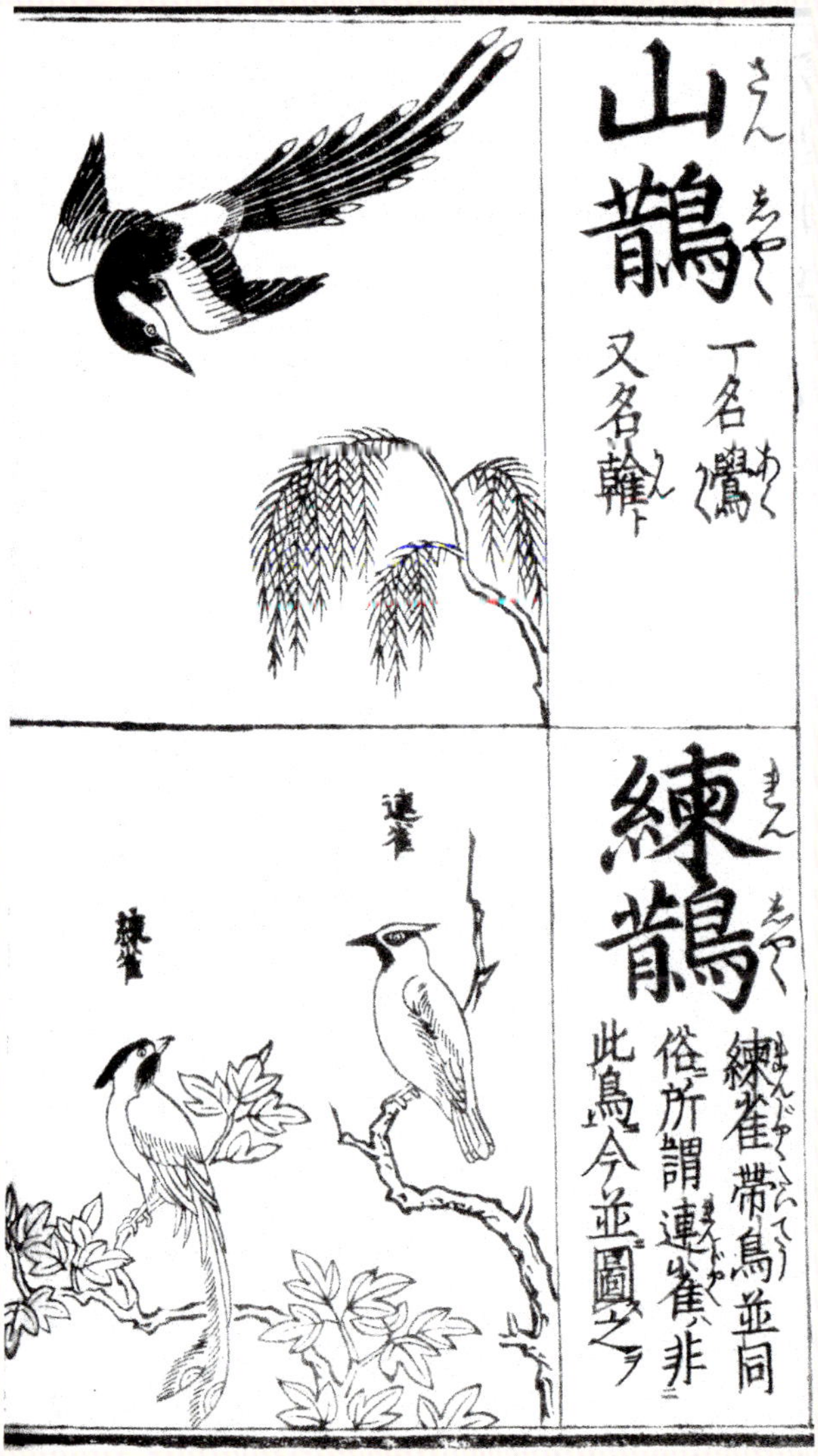

そこで、日本で一番古い絵図《えず》はと思い、図説本の「訓蒙図彙《きんもうずい》」（寛文《かんぶん》六年・一六六六年刊）を見てみると、「山鵲《さんじゃく》」と「練鵲《れんじゃく》」が比較されて、描《えが》かれておりました。その練鵲の図には、尾の形の違う二羽が載《の》っており、「尾の長い方の練鵲」の絵は、お皿に描《えが》かれた鳥と、よく似ております。そしてその二羽の鳥の説明として、「中国の尾の長い鳥は、日本で言う、所謂《いわゆる》『連雀《れんじゃく》』ではないため、日本でも見られる『尾の短い連雀』も、並べて図《ず》しておく」、とありました。

そこで、中国の「三才図会《さんさいずえ》」（一六〇七年成立）を調べたところ、「練鵲《れんじゃく》」の絵と説明がございました。そして、その漢文《かんぶん》を要約《ようやく》しますと、『練《ね》』って柔らかくした絹《きぬ》の布の、『帯のような尾』をもつ鳥で、『鵲《かささぎ》』に似る。そのため『練鵲』と名付《なづ》く。また俗名《ぞくみょう》は、『寿帯鳥《じゅたいちょう》』、山鵲《さんじゃく》よりは小さく、『頭に被《かぶ》り』有り」、とご

三光鳥《さんこうちょう》

練鵲《れんじゃく》

鳥鳳《おながどり》

山鵲《さんじゃく》

「絵本初心柱立《えほんしょしんはしらだて》」（正徳五年・一七一五年）

ざいました。

「被《かぶ》り」とは「冠羽《かんう》」の事で、これでようやく、お皿の鳥の名前が練鵲《れんじゃく》だと解《と》け、安堵《あんど》いたしました。

さて、お皿の絵のもう一羽の小さな鳥を推理しますと、日本に棲《す》む「連雀《れんじゃく》」を描《えが》いたのか、もしくは、桃《もも》の花の蜜《みつ》を吸いに来た、目《め》白《じろ》が思い浮かんで参ります。

因《ちな》みに鶯《うぐいす》の食べ物は、虫や種子類で、蜜は吸わないようでございます。

椿《つばき》に寿帯鳥《じゅたいちょう》（練鵲《れんじゃく》）［春光長寿《しゅんこうちょうじゅ》］

伊万里《いまり》　志田焼《しだやき》
江戸後期　一尺一寸皿

中国に棲《す》む練鵲《れんじゃく》の別称は、「寿帯鳥《じゅたいちょう》」と呼ばれておりますが、その別称《べっしょう》のもとの意味は、「綬帯鳥《じゅたいちょう》」でございます。

「綬帯《じゅたい》」とは、中国の官人《かんにん》が身につけられた、「組《くみ》ひもの帯」の事で、官位《かんい》によって色が決まっており、例えば「紫」なら「紫綬《しじゅ》」と呼ばれます。つまり、「綬《じゅ》」とは、官使登《かんしと》用《よう》の試験に受かり、仕官《しかん》が叶《かな》うという事で吉《きち》事《じ》とされました。

そこで、練鵲《れんじゃく》の「美しい尾羽《おばね》」を、「めでたい綬帯《じゅたい》」に見立てて、練鵲は、「綬帯鳥《じゅたいちょう》」と呼ばれました。ところが、なおまた、綬帯鳥の「綬《じゅ》」は「長寿」の「寿《じゅ》」に通ずるとし

下河辺《しもこうべ》拾水《しゅうすい》画
「頭書増補訓蒙図彙《かしらがきぞうほきんもうずい》」
（寛政元年・一七八九年）

伊万里《いまり》　志田焼《しだやき》
江戸後期　尺皿

伊万里《いまり》　志田焼《しだやき》
江戸後期　尺皿

伊万里《いまり》　志田焼《しだやき》
江戸後期　七寸皿

伊万里《いまり》　志田焼《しだやき》
江戸後期　九寸皿

て、「寿帯鳥《じゅたいちょう》」とも呼ばれるようになりました。

さて、この絵皿に描《えが》かれた「椿《つばき》に寿帯鳥《じゅたいちょう》」の画題《がだい》は、「春光長寿《しゅんこうちょうじゅ》」と題され、中国から伝わりました。椿は、寒さの中でも「葉を青々」と保ち、またその「葉の光沢《こうたく》」は、艶《つや》やかに輝《かがや》き、そして春に見事な花を咲かせます。このような春の景色は、「春光《しゅんこう》」と呼ばれ、愛《め》でられて参りました。その光り輝く「春の椿の花」のもとに、長寿を象徴する「寿帯鳥」が飛び来たるその絵は、「青春」が続き、「不《ふ》老長寿《ろうちょうじゅ》」の意《い》を表わしているのでございます。そして、「椿の漢字」が「木偏《きへん》に春」とされたのも、「なるほど」でございます。

お皿の絵は、寿帯鳥《じゅたいちょう》と共に、輝く椿の葉に包まれた蕾《つぼみ》と花が、可憐《かれん》な顔を見せてくれております。

「吉祥図案解題《きっしょうずあんかいだい》」（昭和十五年・一九四〇年）

追記

ところで、現在も叙勲《じょくん》と共に授与《じゅよ》されている褒章《ほうしょう》には、緑や紫《むらさき》など色々ありますが、例えば「紫綬《しじゅ》」は、本来「紫色の組み紐《くひも》の帯《おび》」の事で、この授与《じゅよ》された「組み紐の帯」が「綬帯《じゅたい》」です。そして、今の世の「紫綬褒章《しじゅほうしょう》」の綬《じゅ》は、「紫色のリボン」とされております。

寿帯鳥《じゅたいちょう》［南蘋風花鳥画《なんぴんふうかちょうが》］

伊万里《いまり》　志田焼《しだやき》
江戸後期　一尺一寸皿

絵画《かいが》を好まれた徳川八代将軍吉宗《よしむね》公は、清《しん》国《こく》の宮廷画家《きゅうていがか》「沈南蘋《ちんなんぴん》」を招聘《しょうへい》されました。南蘋《なんぴん》は享保《きょうほう》十六年（一七三一年）、長崎に弟子《でし》を伴《ともな》い来日され、その精緻《せいち》で華麗《かれい》な画風《がふう》は、たちまち評判《ひょうばん》となったのでございます。

そして滞在《たいざい》された二年の間に、唐通事《からつうじ》（通訳）の「熊代熊斐《くましろゆうひ》」を、直弟子《じきでし》とされました。その後、熊斐《ゆうひ》を通じて、南蘋《なんぴん》の技法《ぎほう》を学んだ絵師の方々は、「南蘋派」として活躍し、江戸の画壇《がだん》に大きな影響を与えたのでございます。

さて、天保《てんぽう》十年（一八三九年）に出版された、鳥類図譜《ちょうるいずふ》の「梅園禽譜《ばいえんきんふ》」に、南蘋《なんぴん》が描《えが》かれた「寿帯鳥《じゅたいちょう》」の写しが載《の》っております。「寿帯鳥」は、日本でも古くから描かれてきた

毛利《もうり》梅園《ばいえん》画「梅園禽譜《ばいえんきんぷ》」
（天保十年・一八三九年）
国立国会図書館デジタルコレクションより

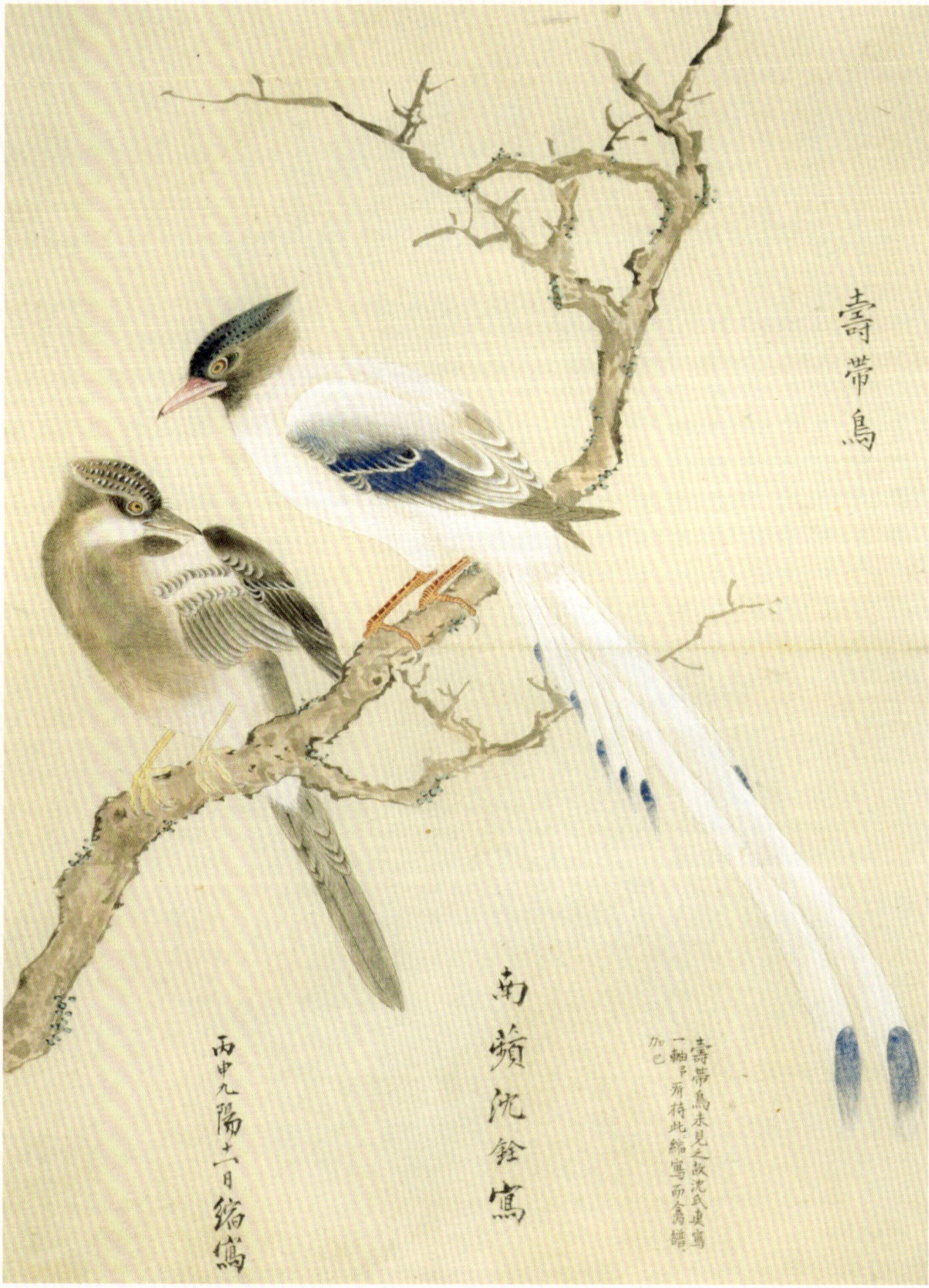

「練鵲《れんじゃく》」の別称《べっしょう》で、日本には棲《す》んでいない、中国の鳥でございます（44ページ参照）。ところが南蘋の描かれた絵は、「寿帯鳥」と題されていたため、「画題」も「練鵲」のみならず「寿帯鳥」とも表現されるようになりました。

因《ちな》みに、吉宗公より三代前の五代将軍綱吉《つなよし》公が描《えが》かれた、尾の長い鳥の絵（江戸東京博物館蔵）は、「練鵲図《れんじゃくず》」と題されております。

さて、このお皿の絵は、染付《そめつ》け（藍色《あいいろ》の絵付《えつ》け）の青一色の濃淡《のうたん》のみで描《えが》かれておりますが、何ともはや、南蘋《なんぴん》の画風が漂《ただよ》っております。

二《に》羽《わ》の寿帯鳥《じゅたいちょう》に寿石《じゅせき》［代々長寿《だいだいちょうじゅ》］

伊万里《いまり》　志田焼《しだやき》
江戸後期　一尺三寸皿

練鵲《れんじゃく》の別称《べっしょう》は寿帯鳥《じゅたいちょう》（「綬帯鳥」とも）でございます（47、50ページ参照）。このお皿の絵には、その寿帯鳥が二羽《にわ》、何やら不思議な石の上に止まっております。これまた長らく、その意味が分からぬままでした。ところが、その絵の説明が「吉祥図案解題《きっしょうずあんかいだい》」（昭和十五年・一九四〇年刊）に、次のような内容で記《しる》されておりました。

「寿帯鳥《じゅたいちょう》は二羽《にわ》で、帯々《だいだい》。帯《だい》は代《だい》と同音で、『帯々』は『代々《だいだい》』に通じる。『石は寿命が長い』ため『寿石《じゅせき》』で、長寿《ちょうじゅ》にたとえ、吉祥《きっしょう》を祝う絵である」。

そこで、このお皿の絵の画題《がだい》は「代々長《だいだいちょう》寿《じゅ》」、という訳でございます。因《ちな》みに本の絵には、水仙《すいせん》が描《えが》かれ、「代々寿仙《だいだいじゅせん》」と題されており、その意は「代々仙人の如《ごと》く長寿であれ」でございます。

さて、この「吉祥《きっしょう》図案解題《ずあんかいだい》」は、とてつもなく秀逸《しゅういつ》な内容の本で、江戸絵皿の絵解《えと》きの迷いを、このような図柄《ずがら》と説明文により、いくつも解《と》きほぐす事が出来ました。それというのも、著者《ちょしゃ》の野崎誠近《のざきのぶちか》氏は、大学を終えると中国に渡られ、明治、大正から昭和時代にかけての数十年間、仕事の傍《かたわ》らに図案《ずあん》を蒐《しゅう》集《しゅう》され、その暗示《あんじ》されている意味を、膨大《ぼうだい》な時間をかけて解いてゆかれたのでございます。この偉業《いぎょう》は、図案の源《みなもと》である中国の現地に、おられたからこそ出来た事で、物事の成立の条件と言われる、「場所と人と、時間及び費用」が相まっての事だと存じます。そして昭和三年（一九二八年）に初版を出版され、その後も研究を続けられ、それらを補《おぎな》い昭和十五年（一九四〇年）に再版をされました。

私も野崎先生に倣《なら》い、手間や金銭に執着《しゅうじゃく》せず、江戸絵皿の庶民文化を、未来の世《よ》の子孫に伝えるべく、全六巻の完結まで、生き続けるつもりでございます。

甲辰《きのえたつ》　四月　七十六歳

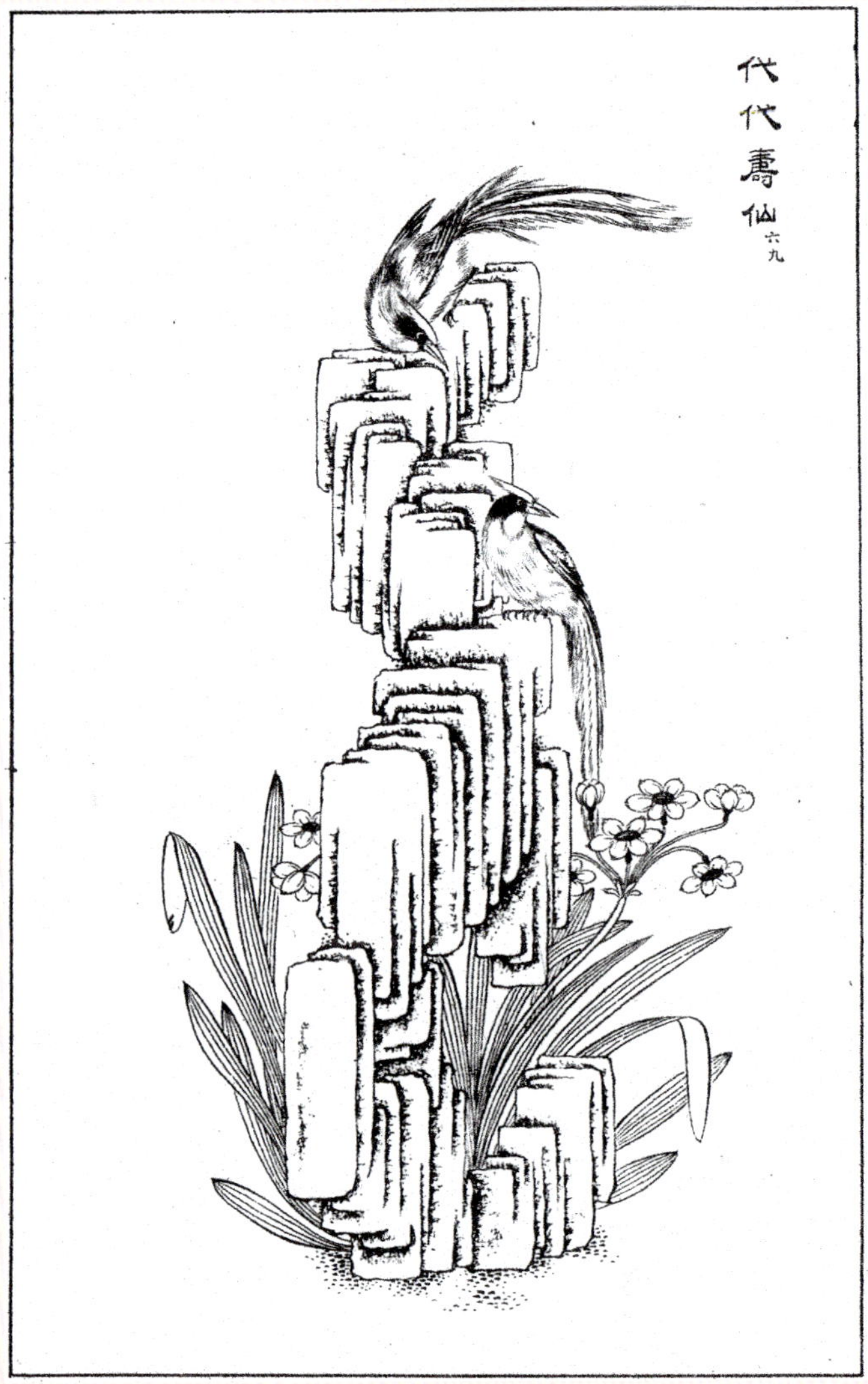

「吉祥《きっしょう》図案解題《ずあんかいだい》」（昭和十五年・一九四〇年）

北斎漫画《ほくさいまんが》と鳥《とり》［前編］

まずは何の鳥か推理を

江戸後期（一七八一年～一八六七年）に活躍《かつやく》された北斎翁《ほくさいおう》などに、多大な影響を与えたのは、なんと言っても、版木《はんぎ》に絵などを彫《ほ》って印刷された版本《はんぽん》の「絵手本《えでほん》」の存在でございましょう。

本格的な絵手本は、北斎翁がお生まれになる四十年程前の、江戸中期の享保《きょうほう》（一七一六年～一七三六年）の頃から、出版され始めました。その絵手本を出された代表的なお二人が、大坂画壇《がだん》を二分されていた「橘守国《たちばなもりくに》」画伯《がはく》と「大岡春卜《おおおかしゅんぼく》」翁であります。

そんな江戸中期の絵手本で学ばれた北斎翁が、およそ百年後の江戸後期に出版された絵手本が、この「北斎漫《ほくさいまん》

葛飾北斎画《かつしかほくさいが》「北斎漫画《ほくさいまんが》 初編」十五丁裏（文化十一年・一八一四年）

画《が》」です。しかしながら、絵のテーマは、大切に受け継《つ》がれております。そのテーマは、もちろん絵皿のテーマとしても大切に受け継がれております。

それでは、ここからは、「北斎漫画」に沿って、絵皿を並べました。まずは、この「北斎漫画」の絵をご覧になり、「なんの鳥なのか」推理をして、その後、頁《ページ》をめくり、受け継がれたテーマを順々《じゅんじゅん》にお楽しみ下さいませ。

葛飾北斎《かつしかほくさい》画「北斎漫画《ほくさいまんが》初編」十六丁表（文化十一年・一八一四年）

三羽烏《さんばがらす》［陽《よう》の烏《からす》］

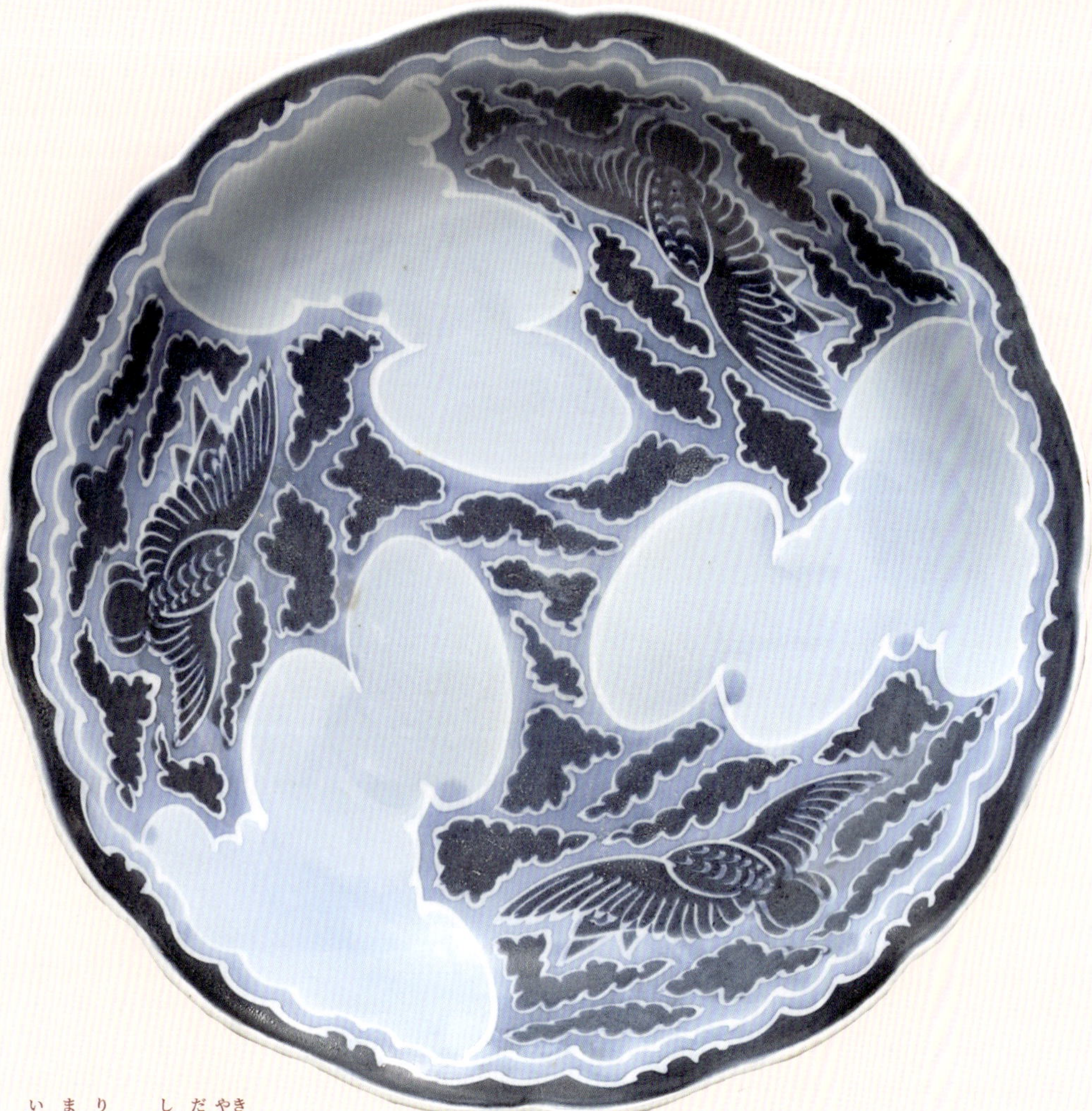

伊万里《いまり》　志田焼《しだやき》
江戸後期　一尺一寸皿

「北斎漫画《ほくさいまんが》」の初編には、烏《からす》が三羽、描《えが》かれております。この絵を見た時、「なるほど、奇数《きすう》は『七五三《しちごさん》の祝い』があるように、めでたい陽数《ようすう》だから、三羽にされたのだろう」と推理いたしました。

古代より、太陽には三足《さんぞく》の烏《からす》が棲《す》む、とされてきました（58ページ参照）。「陰陽道《おんようどう》」では、「奇数」は「陽数」と考えられており、そこで、日本サッカー協会のシンボルなどでも知られる「**三足烏《さんぞくう》**」（八咫烏《やたのからす》）は、「奇数の足」を持つ「陽の鳥」として崇《あがめ》られて参りました。

そして絵師の方々は、「**陽烏《ようう》**」とも呼ばれる烏《からす》を描《えが》くには、陽数の「**七五三**」が似合うとして、三羽の烏や五羽の烏を描かれたようでございます。

二代・柳川重信《やながわしげのぶ》画「柳川画譜《やながわがふ》」
（安政三年・一八五六年序）

伊万里《いまり》　志田焼《しだやき》
江戸後期　尺皿

また、「明烏《あけがらす》」は、夜明けの頃に鳴き始め、太陽に向かって飛び立ちます。そんな姿からも、陽《よう》の気を感じられたのでございましょう。

ところで、ここに挙《あ》げた絵皿には、三羽の烏が描《えが》かれており、これまた優《すぐ》れた三人を指す「三羽烏《さんばがらす》」で、めでとうございます。そして、北斎翁《ほくさいおう》の孫弟子にあたる二代・柳川重信《やながわしげのぶ》は、「柳川画譜《やながわがふ》」（安政《あんせい》三年・一八五六年序）の中に、朝日に向かう五羽の烏を描《えが》かれております。

葛飾北斎《かつしかほくさい》画「北斎漫画《ほくさいまんが》 初編」
（文化十一年・一八一四年）

烏《からす》 ［太陽《たいよう》に棲《す》む鳥《とり》］

伊万里《いまり》　志田焼《しだやき》
江戸後期　九寸皿

なんとも不思議なお皿の絵でございます。縁《ふち》周りには、何やら炎《ほのお》のようなものが取り囲み、その中に斑点《はんてん》があり、鳥が飛んでおります。

さて、この「丸い形」と「斑点」と「鳥」は、「**太陽**」と「**黒点**《こくてん》」と「**烏**《からす》」と推理致しました。それでは、絵解《えと》きでございます。

中国の神話によりますと、太陽の中には、「三足《さんぞく》の烏《からす》」が棲《す》むとされております。その訳は、「太陽の黒点を、烏《からす》とみなした」からでございます。

日本においても、江戸時代の元禄《げんろく》八年（一六九五年）版の「頭書増補訓蒙図彙《かしらがきぞうほきんもうずい》」に、絵と共に次のような解説がされております。

「日《ひ》は、陽《よう》の精《せい》なり。空虚《くうきょ》にして、かたどりがたし。よって烏《からす》をもって日《ひ》の形《かたち》とす。陽烏《ようちょう》なれば也《なり》。三足《ぞく》とするは、陽数《ようすう》の心《こころ》也」。

伊万里《いまり》　志田焼《しだやき》
江戸後期　七寸皿

「頭書増補訓蒙図彙《かしらがきぞうほきんもうずい》」
（元禄八年・一六九五年版）

この文意は、「太陽は、易学《えきがく》の陰陽《いんよう》では、陽の魂《たましい》で、その形を表現するのは難《むずか》しい。そこで、太陽に棲《す》む烏《からす》を描《えが》いて、太陽を表わす。それは、烏《からす》が『陽烏《ようちょう》』と呼ばれているからである。三足とするは、『奇数が陽数』とされているからである」、でございます。

さて、お皿に描《えが》かれた黒点をよく見ますと、上の方に一つ、下の方に三つと、それぞれ「陽数の奇数」になっており、それに烏を加えると計五つです。そこで、このお皿の絵は、烏《からす》の描かれた「太陽」と解かせて頂きました。

ちなみに、三足の烏を辞書で調べますと、「太陽の中に棲《す》むという、足が三本ある烏。吉祥《きっしょう》とされる。また、太陽の称《しょう》。金烏《きんう》」とあります。そしてその名は、「三足烏《さんぞくう》」（56ページ参照）とも呼ばれております。

帰雁《きがん》 ［春《はる》の帰雁《きがん》］

伊万里《いまり》　志田焼《しだやき》
江戸後期　一尺一寸皿

このお皿には、扇面窓絵《せんめんまどえ》の周りに、氷にひびが入ったような「氷裂文《ひょうれつもん》」（「ひわれもん」とも）と、その中から湧《わ》き出る、「巻水《まきみず》」の文様が描《えが》かれており、季節は春を表わしております。

雪が解ける頃、雁《かり》は故郷の西比利亜《しべりあ》を目指し群れをなします。その鉤形《かぎがた》や竿形《さおがた》になって飛ぶ「帰雁《きがん》」の様は、春の風物詩《ふうぶつし》であり、人はその懸命《けんめい》な姿に、声援《せいえん》を送らずにはいられません。

前を飛ぶ鳥は、その羽《は》ばたきで風を送り、後ろの鳥を浮かせて楽にし、そこで群《む》れの形は「厂《がんだれ》形の飛行」となります。そして先頭の鳥が疲れてくると、次の鳥が素早《すばや》く入れ替わり、群れを率《ひき》いて守ります。

大岡春卜《おおおかしゅんぼく》写画・狩野常信《かのうつねのぶ》原画「和漢名筆画本手鑑《わかんめいひつえほんてかがみ》」
（享保五年・一七二〇年）

また、力尽きて「逸《はぐ》れる鳥」がいると、すかさず「二羽の鳥」が群れから離れて助けに行き、そして弱った鳥の早さに合わせて前を飛び、群れの後追《あとお》いをするか、次の群れを待ちます。そして、死ぬ事のない限り、決して置き去りにする事はございません。

人は、そんな健気《けなげ》な雁の姿を見ては、空を見上げて「また来ておくれ」と声を掛け、次にやって来る「秋の初雁《はつかり》」に思いを馳《は》せるのでございましょう。

ところで、「がん」との呼び方は、もともと「漢語《かんご》」の音で、「かり」は「カリカリ」と鳴く声から名付けられたとされています。

そして、絵手本《えでほん》の絵は、江戸中期の大岡派の祖であられる「大岡春卜《おおおかしゅんぼく》」翁《おう》が、弟子た

葛飾北斎画《かつしかほくさい》
「北斎漫画《ほくさいまんが》 初編」
（文化十一年・一八一四年）

ちの要望に応じて、先人の絵を集めて出版された「和漢名筆画本手鑑《わかんめいひつえほんてかがみ》」（享保《きょうほう》五年・一七二〇年刊）に載《の》っておりました。その絵師の名は、江戸前期の「**狩野常信《かのうつねのぶ》**」。狩野元信《かのうもとのぶ》、永徳《えいとく》、探幽《たんゆう》と共に、「狩野派《かのうは》の四大家《したいか》の一人」と謳《うた》われたお方です。

さて、お皿の絵の雁は、竿形《さおがた》に飛んでおりますが、そのうちに鉤形《かぎがた》になりそうな気配《けはい》です。そして、雁《がん》の字の「厂《がんだれ》」は、鉤形に飛ぶ姿を象《かたど》った形とされております。

ところで、「尾形光琳《おがたこうりん》」の絵を集めた「光《こう》琳漫画《りんまんが》」には、「雁《がん》」と「春《はる》の蕨《わらび》」の絵が描《えが》かれております。そこで、絵解きは即座《そくざ》に「**春《はる》の帰雁《きがん》**」。見事な風物の絵でございます。

尾形光琳画《おがたこうりん》「光琳漫画《こうりんまんが》」
（文化十四年・一八一七年）

帰雁《きがん》　［雁《がん》に四《し》徳《とく》あり］

伊万里《いまり》　志田焼《しだやき》
江戸後期　尺皿

お皿の絵の、空に飛んでいる鳥は、春になって「**北へ帰る雁《がん》**」で、雁《がん》は「かり」とも呼ばれております。この「**雁行《がんこう》**」を見るたびに、何かしらその直向《ひたむ》きな姿に、感動を覚えるものでございます。

中国明《みん》代の李時珍《りじちん》は、一五九六年（日本では慶長《けいちょう》元年）に動植物などの事を著《あら》わした「本草綱目《ほんぞうこうもく》」を出版されました。その後、日本にも伝わり、和刻本《わこくぼん》も作られ、幕末《ばくまつ》までは、基本文献として尊重されました。

その本草綱目《ほんぞうこうもく》の中に、「**雁《がん》に四徳《しとく》あり**」として、雁の営みについて、次のような説明がされております。

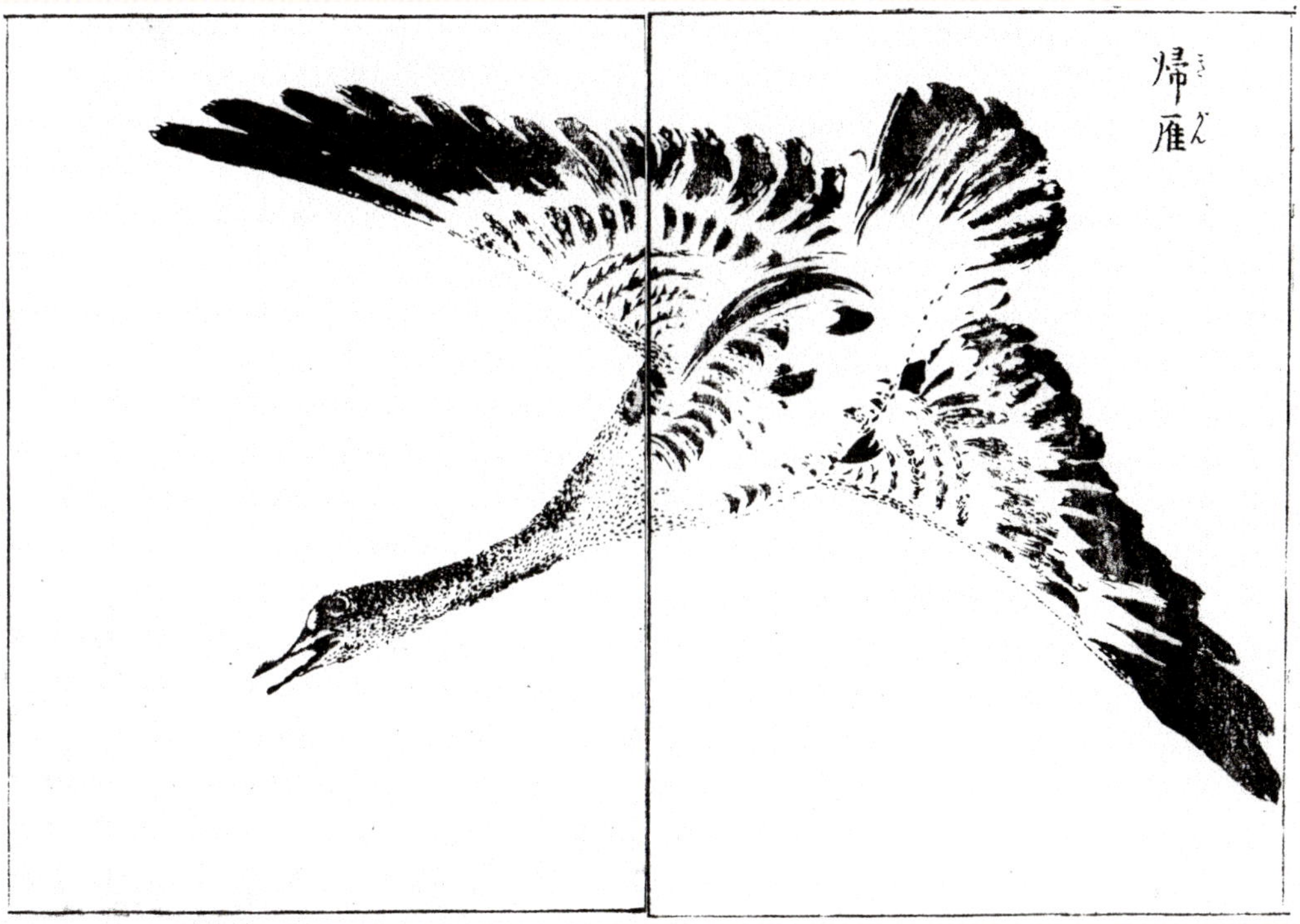

橘 守国《たちばなもりくに》画「運筆麁画《うんぴつそが》」
（寛延二年・一七四九年）

寒いとき南、暑いとき北に移るは、「信《しん》」である。（道を違《たが》えない）
飛ぶのに序《じょ》（順序）があり、前に鳴き後《うしろ》に和するは、「礼《れい》」である。
偶《ぐう》（配偶者）を失って再配しないのは、「節《せつ》」である。
夜宿《やど》るとき、一羽を見張りに立て、昼は蘆《あし》を含んで弋《いぐるみ》を避《さ》けるのは、「智《ち》」である。

※注　蘆を含む＝鳴かぬよう、蘆をくわえて飛ぶ。
弋＝矢に糸や網をつけて、当たるとからみ付くようにしたもの。

一枚目のお皿の絵の雁《がん》と、よく似た絵が守《もり》国画伯《くにがはく》の「運筆麁画《うんぴつそが》」（寛延《かんえん》二年・一七四九年刊）に描《えが》かれており、その題は、「帰雁《きがん》」と記《しる》さ

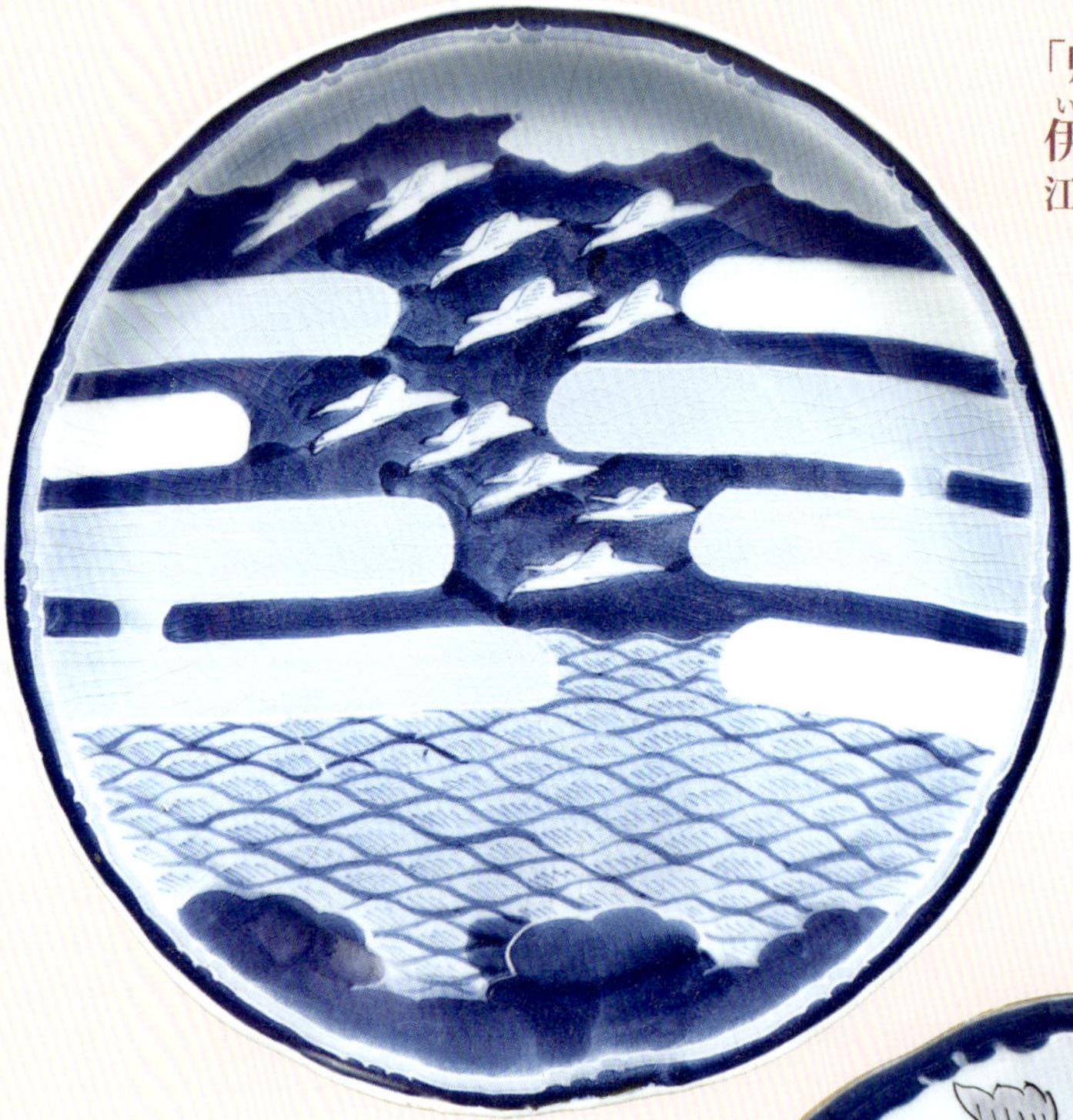

「帰雁《きがん》にエ霞《えがすみ》」
伊万里《いまり》　志田焼《しだやき》
江戸後期　一尺一寸皿

春を表わす「牡丹《ぼたん》にエ霞《えがすみ》」
伊万里《いまり》　志田焼《しだやき》
江戸後期　尺皿

れておりました。

そして、もう一枚、この頁《ページ》の上のお皿の絵は、「春は霞《かすみ》、秋は霧《きり》」と言われるように、**霞**が描《えが》かれており、春の帰雁《きがん》と見うけました。

この絵のような霞は、片仮《かたか》名《な》の「エ《え》」に見えるため、「**工霞**《えがすみ》」と呼ばれております。

20ページ、40ページにも「エ霞」のお皿がありますので、どうぞご覧ください。

早梅《そうばい》に鴛鴦《おしどり》［春《はる》を待《ま》つ・歌絵《うたえ》］

伊万里《いまり》　志田焼《しだやき》
江戸後期　一尺一寸皿

鎌倉時代の藤原定家《ふじわらのていか》は、後仁和寺宮《ごにんなじのみや》の所《しょ》望《もう》に応じられ、一月から十二月までの、その月々の「花鳥《かちょう》の歌」二十四首を詠《よ》まれました。それらの歌は、「拾遺愚草《じゅういぐそう》」の中に収められております。その中の十二月の「花鳥の歌」は、「**早梅《そうばい》と水鳥《みずどり》**（鴛鴦《えんおう》）」で、その詠まれた歌の情景《じょうけい》を描《えが》き表わしたのが、このお皿の絵で、「歌絵《うたえ》」と呼ばれるものでございます。

そして、このお皿の絵とそっくりな絵が、橘守国画伯《たちばなもりくにがはく》が描《えが》かれた「絵本通宝志《えほんつうほうし》」（享《きょう》保《ほう》十四年・一七二九年刊）に、「十二月　雪中梅《ゆきのむめ》浮鳥《うきとり》」と題して、定家《ていか》の歌と共に載《の》っております。

さて、この歌には、春を待つ願いが、切々と込められているようでございます。

葛飾北斎《かつしかほくさい》画「北斎漫画《ほくさいまんが》 初編」
（文化十一年・一八一四年）

「花《はな》・早梅《そうばい》」
色うづむ　垣《かき》ねの雪の頃《ころ》ながら
としのこなたに　にほう梅《うめ》が枝《え》

橘　守国《たちばなもりくに》画「絵本通宝志《えほんつうほうし》」
（享保十四年・一七二九年）

歌の意は、「雪にうずもれて、垣根《かきね》ごしの梅の花の色は見えないが、年《とし》の内《うち》には、香りが漂ってくるだろう」です。

「水鳥《みずどり》・鴛鴦《えんおう》」
ながめする　池の氷に　ふる雪の
かさなるとしを　おしの毛衣《けごろも》

この意は、「池の氷に雪がふる中でも、羽《う》毛《もう》で温《ぬく》もるおしどり、年を重ねると、そんな毛衣《けごろも》が欲しいものだ」でございます。

北斎翁《ほくさいおう》の絵や、それぞれの絵を見ていますと、北宋《ほくそう》の詩人「蘇東坡《そとうば》」（一〇三六〜一一〇一年）の「詩《し》中《ちゅう》に画《が》あり、画中《がちゅう》に詩《し》あり」が聞こえてきそうでございます。

雪中《せっちゅう》の鴛鴦《おしどり》［十二月《じゅうにがつ》］

伊万里《いまり》　志田焼《しだやき》
江戸後期　八寸皿

鴛鴦《おしどり》の漢字の音読《おんよ》みは、雄《おす》の「鴛《えん》」と雌《めす》の「鴦《おう》」とを合わせて、「鴛鴦《えんおう》」でございます。そして、日本語の「おし」の語源説《ごげん》には「愛《お》し」や「雄雌《おし》」があり、和漢ともに、仲《なか》の睦《むつ》まじさを愛《め》でており、心が和《なご》んで参ります。

江戸中期に出された橘守国画伯《たちばなもりくにがはく》の、「運筆《うんぴつ》麁画《そが》」（寛延《かんえん》二年・一七四九年刊）に、冬の鴛鴦《おしどり》の絵があり、そこに次のような和歌と一文が記《しる》されておりました。

夜を寒《さむ》み　寝《ね》ざめて聞《きけ》ば、おし(鴛鴦)ぞなく
はら(払)ひもあへず　霜《しも》やを(置)くらむ

歌の意《こころ》は、「夜が寒くて目を覚《さ》ますと、鴛鴦《おしどり》が鳴いている。羽の上に羽ばたいても払いきれない霜が降りているのでしょうか」で

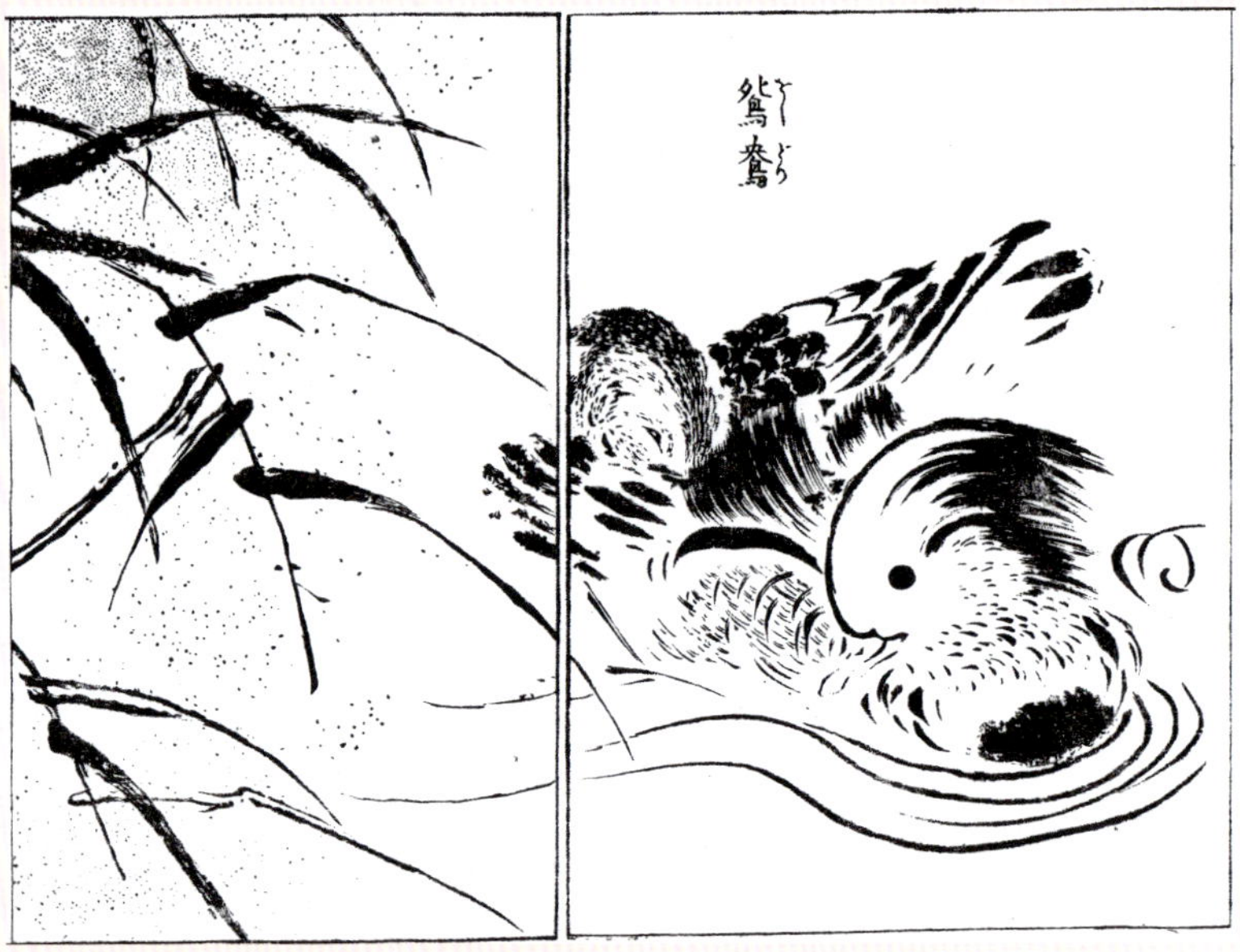

橘守国《たちばなもりくに》画「運筆麁画《うんぴつそが》」（寛延二年・一七四九年）
右：絵部分　左：解説部分

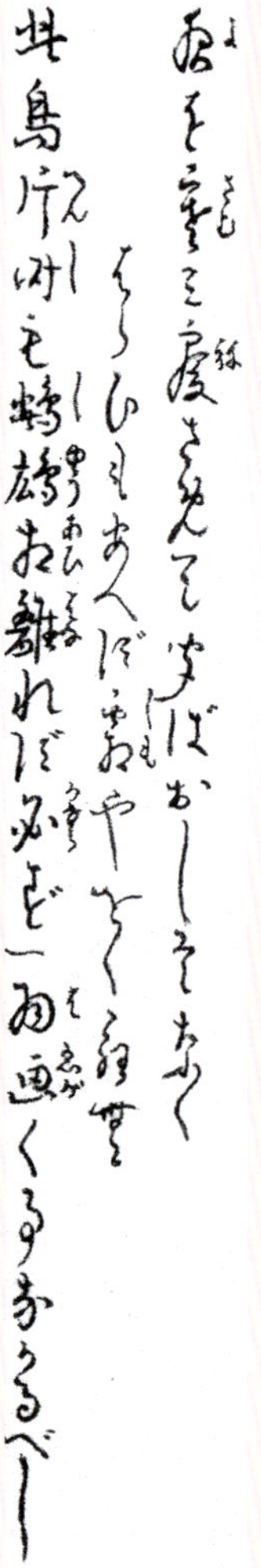

渓斎英泉《けいさいえいせん》画
「浮世風流諸職画譜《うきよふうりゅうしょしょくがふ》」
（天保八年・一八三七年）

ございます。

鴛鴦《おしどり》は、夏の間、山間《やまあい》の渓流《けいりゅう》などで過ごし、寒くなると池や沼に下りて来て、冬を過ごします。この頃の雄《おす》の羽は、最も美しく、そこで季語《きご》は、冬十二月とされています。

それにしましても、このような**雪中《せっちゅう》の鴛鴦《おしどり》**の絵皿があるように、江戸時代の方々の、自然を愛《め》でながら平和に生きる、その感性《かんせい》に感《かん》服《ぷく》いたします。どうやら、愛《め》でる事と平和は、同義《どうぎ》のようでございます。

そして、和歌の後に記《しる》されている一文は、鴛鴦《おしどり》を描《えが》く時の「思いやり」でございます。

「此鳥《このとり》、片時《へんじ》も　嶋鴆相離《しゆうあひはな》れず。必《かなら》ず一羽画《えが》く事なかるべし」。

鶏《にわとり》［番《つがい》の鶏《にわとり》］

伊万里《いまり》　志田焼《しだやき》
江戸後期　九寸皿

鶏《にわとり》についての諺《ことわざ》に、「雌鶏《めんどり》歌えば、家滅《いえほろ》ぶ」がございます。その意は、「女が男に代って指図《さしず》をすれば、それが禍《わざわい》となって、遂《つい》に家が滅びる」と、辞書に書かれておりました。しかしながらこの警句《けいく》は、「男尊女卑《だんそんじょひ》ではないか」との思いもあり、「そうなのかな」との思いもございました。

このもやもやを、すっきりさせてくれた「道歌《どうか》」が、「修身図絵《しゅうしんずえ》　仁義禮智信《じんぎれいちしん》」（明治十七年・一八八四年刊）に載《の》っておりました。「雌《めんどり》のすすむる聲《こえ》におこされて　時をたがへ《え》ずうたふ雄《うおんどり》」

いかがでしょうか。要は、「雄の心と雌の心がそれぞれの役割を担《にな》い、そしてお互い補《おぎな》い合って、家庭を築く」、と言う訳です。この事を知らずして、男と女についての真の答は出て来ないようです。

ここでいう「修身《しゅうしん》」の意味は、儒学《じゅがく》の経典《きょうてん》の、「大学《だいがく》」に書かれている、「天下を平和」にするためには、「修身《しゅうしん》・斉家《せいか》・治国《ちこく》・平天下《へいてんか》」（まずは身《み》を修《おさ》めて、次に家を整《ととの》え、そして国を治《おさ》めて、天下を平和にする）に示されている修身の事です。即《すなわ》ち、字の如く「身《み》を修《おさ》める」の意《い》の「修身」で、「教育史」にある、明治から戦前まで行われていた国家道徳の「修身教育」の事ではございません。

葛飾北斎《かつしかほくさい》画「北斎漫画《ほくさいまんが》 初編」
（文化十一年・一八一四年）

山口素絢《やまぐちそけん》画「倭人物画譜《わじんぶつがふ》 後編」
（文化元年・一八〇四年）

このお皿の絵には、田の畦《あぜ》で「餌《えさ》を探す雌《めん》鶏《どり》」と、その「雌鶏《めんどり》を見守《みまも》る雄鶏《おんどり》」が、周《まわ》りに気《き》を配《くば》りながら、寄り添っております。

さて、円山応挙《まるやまおうきょ》の弟子で、応門十哲《おうもんじゅってつ》のお一人、山口素絢《やまぐちそけん》が出された「倭人物画譜《わじんぶつがふ》 後編」（文化元年・一八〇四年刊）に、「千歯扱《せんばこ》き」で稲の籾《もみ》を落とし、さらに穂先《ほさき》に残った籾《もみ》を、唐棹《からさお》で叩《たた》いている様子が描《えが》かれておりました。

そして、その傍《そば》で、雌鶏《めんどり》が落穂《おちぼ》を啄《ついば》み、雄《おん》鶏《どり》は見守《みまも》りをしています。やはり、お皿の絵の「田んぼに鶏《にわとり》」は、江戸時代の村の風景で、人と共に伸び伸びと「庭で暮らしていた鳥」のようでございます。まさに「修身《しゅうしん》・斉家《せいか》」、平和の薫《かお》りがいたします。

鶏《にわとり》［鶏《にわとり》に五徳《ごとく》あり］

伊万里《いまり》　志田焼《しだやき》
江戸後期　一尺一寸皿

江戸時代の方々が、鶏《にわとり》をどのように理解されていたのか、その事が当時の版本《はんぽん》などに記《しる》されております。

江戸前期の、貞享《じょうきょう》五年（一六八八年）に出版された「絵本忘草《えほんわすれぐさ》」に鶏の説明があり、それを要約しますと「鶏《にわとり》には、**五徳**《ごとく》が有り、異名《いみょう》を木綿鳥《ゆうつけどり》と云《い》う。また、天照大神《あまてらすおおみかみ》が、岩戸《いわと》に籠《こも》られた時、夜は明けたり、と鳴かせた」などと書かれております。

さて、その「鶏《にわとり》に五徳《ごとく》あり」とは、漢の韓《かん》嬰《えい》が著《あら》わされた「韓詩外伝《かんしがいでん》」に記《しる》されている、次の事柄《ことがら》でございます。

「頭に冠《かんむり》を戴《いただ》くは、**文**《ぶん》なり」。「足に距《けづめ》を持つは、**武**《ぶ》なり」。「敵前に敢《あ》えて闘《たたか》うは、**勇**《ゆう》なり」。「食を見て相呼ぶは、仁《じん》なり」。「夜を守って、時を失わぬは、信《しん》なり」。

愚獨《ぐどく》著「絵本忘草《えほんわすれぐさ》」
（貞享五年・一六八八年）

如何《いかが》でしょうか、この五徳は、雄鶏《おんどり》が雌鶏《めんどり》や雛《ひよこ》を守るための日常の姿でございます。鶏を飼っていた頃、雄鶏《おんどり》が鳥小屋の屋根の上に止まり、鷹《たか》などの敵に睨《にら》みをきかす、雄姿《ゆうし》がございました。

そして、敵が現われると、その距《けづめ》で激しく抗撃し、また餌《えさ》を見つけると、雌鶏《めんどり》や雛《ひよこ》を呼び寄せ、先《さき》に啄《ついば》ませておりました。因《ちな》みに、屋根の上に置かれる風見鶏《かざみどり》は、雄鶏《おんどり》の勇姿《ゆうし》を模《も》したものでございます。

さて、絵解《えと》きですが、お皿の絵には、「四《し》君子《くんし》」として賞《め》でられる「菊《きく》」に「梅《うめ》」、「蘭《らん》」が描《えが》かれておりますが、「竹《たけ》」は見あたりません。「君子」とは、「徳と品位のある方」とされております。そこで、徳のある雄鶏《おんどり》を描き、「四君子《しくんし》」とされた、と解かせて頂きました。

鶏《にわとり》（長鳴鳥《ながなきどり》）［東天紅《とうてんこう》］

伊万里《いまり》　志田焼《しだやき》
江戸後期　一尺一寸皿

日本神話の「天磐戸《あまのいわと》」の伝説は、江戸時代には、よく知られていたようでございます。

その神話とは、「天照大神《あまてらすおおみかみ》が、天磐戸《あまのいわと》に隠れられ、世の中は常闇《とこやみ》になってしまいました。そこで思兼神《おもいかねのかみ》が、天照大神《あまてらすおおみかみ》は、**長鳴鳥**《ながなきどり》（鶏《にわとり》）を鳴かせたりしたところ、天照大神は、磐戸《いわと》を少し開けられました。そこで天手力雄命《あまのたぢからおのみこと》が、大神《おおみかみ》のお手を取って、引き出されました」と言うものです。

この神話が、「和漢百人一首《わかんひゃくにんいっしゅ》」（安政《あんせい》四年・一八五七年刊）に、歌川貞秀《うたがわさだひで》が描《えが》かれた長鳴鳥《ながなきどり》と天手力雄命《あまのたぢからおのみこと》の絵と共に、次のような一文で書かれておりました。

「神代《かみよ》のむかし天照《てんしょう》太神《だいじん》、御弟《おんをとうと》素盞烏《すさのをの》

歌川貞秀《うたがわさだひで》画「和漢 百 人一首《わかんひゃくにんいっしゅ》」
（安政四年・一八五七年）

「鴇（とをまる）」長鳴鳥の一種

葛飾北斎《かつしかほくさい》画
「北斎漫画《ほくさいまんが》 初編」
（文化十一年・一八一四年）

尊《みこと》の行状《しわざ》あしきによりて、天《あま》の磐戸《いはと》に閉籠《とぢこも》り給《たま》ひしかば、六合之内常闇《よのなかとこやみ》となりて、昼夜《ちうや》を知らず。ここに、思兼神《おもひかねのかみ》、はかりごとを設《まう》けて、大神《おほかみ》長鳴鳥《ながなきどり》をあつめて、之《これ》をなかせけるに、大神磐戸《いはと》をほそめに明《あけ》て、御覧《みそなは》する所を、手力《たぢから》雄命《をのみこと》御手《て》を取《とり》て、引出《ひきいだ》し給ふ。されば、常《とこ》闇《やみ》となりても、此命《このみこと》のおはすれば、たのみある也《なり》」。

鶏《にわとり》は、神代《かみよ》の昔から、声を長く引いて鳴くため、息の長い長鳴鳥《ながなきどり》として、愛《め》でられて参りました。また、夜明けを鳴いて知らせるため、その鳴き声の「コケコッコー」には、「当《あ》て字《じ》」も作られました。その当て字は、「東天紅《とうてんこう》」。「東の天《そら》が紅《あか》くなった」と知らせるとは、誠に言《い》い得《え》て妙《みょう》でございます。

お皿の絵の鶏も、何やら美声の主に見えて参ります。

鶏《にわとり》（軍鶏《しゃも》）［縄張《なわば》りを知《し》る］

伊万里《いまり》　志田焼《しだやき》
江戸後期　一尺二寸皿

雄鶏《おんどり》の朝鳴《あさな》きは、自分達の生活の場である「縄張《なわば》り」を、宣告《せんこく》する雄叫《おたけ》びでございます。そのテリトリーに、他《ほか》の鶏《にわとり》が入って来ると、雄鶏《おんどり》は相手《あいて》に飛びかかり、足の後《うし》ろの蹴爪《けづめ》（距）で、相手の首や胸を攻撃いたします。この習性《しゅうせい》から、平安時代以前より、神事《しんじ》や占《うらな》いとして、「鶏合せ《とりあわせ》」という名の闘鶏《とうけい》が行なわれました。

江戸時代の初めには、闘鶏《とうけい》に強い品種が、シャム（タイ）から移入《いにゅう》されて参りました。その鶏《にわとり》の体は直立《ちょくりつ》し、脚《あし》は太く丈夫《じょうぶ》で、精悍《せいかん》な顔付きをしており、人々は、その防御力《ぼうぎょりょく》に、目を見張らせました。

その後、品種改良《ひんしゅかいりょう》も進んだようで、江戸中期の「絵本写宝袋《えほんしゃほうぶくろ》」（享保《きょうほう》五年・一七二〇年刊）に、

橘《たちばな》 守国《もりくに》画「絵本写宝袋《えほんしゃほうぶくろ》」
（享保五年・一七二〇年）

葛飾北斎《かつしかほくさい》画「北斎漫画《ほくさいまんが》 初編」
（文化十一年・一八一四年）

その鶏の絵があり、名は「鶤鶏《こんけい》　しゃむ」と記《しる》されておりました。そして、その説明は、「暹羅国《しゃむこく》より来《きた》るによって、名とす」との事でございます。その国名の「しゃむ」が「しゃも」と転化《てんか》し、そして漢字は、「軍鶏《しゃも》」が当てられ「ぐんけい」とも読まれております。

さて、闘鶏《とうけい》からの学びは、他者の縄張りを知る事でしょうか。国にしましても、他国の地を侵《おか》せば、縄張りの争いが始まります。そんな侵略戦争よりも、「棲《す》み分け共存」の安《あん》住《じゅう》でありたいものです。そして争いの本質は、それぞれの人の人間性と教養によるのでございましょう。

因《ちな》みに、ものの本によりますと、軍鶏《しゃも》の仲間には、羽の形や色も白や黒など、幾種《いくしゅ》かがあると記《しる》されております。そして、お皿の軍鶏の尾は、少々誇張《こちょう》されているようです。

蘆《あし》に雁《かり》［蘆《ろ》雁《がん》］

伊万里《いまり》　志田焼《しだやき》
江戸後期　尺皿

「蘆《あし》に雁《かり》」は「蘆雁図《ろがんず》」とも呼ばれ、室町時代より好んで描《えが》かれてきた画題でございます。狩野派《かのうは》の始祖《しそ》、狩野正信《かのうまさのぶ》も蘆雁図を描かれておられます。

この江戸後期のお皿の絵も、狩野派の絵師橘守国《たちばなもりくに》画伯《がはく》が、享保《きょうほう》五年（一七二〇年）に出版された「絵本写宝袋《えほんしゃほうぶくろ》」の絵を、お手本にして描《えが》かれたようでございます。

雁《かり》は十月の初め頃、シベリアなどの北方《ほっぽう》から渡って参ります。その頃は、湖沼《こしょう》の水辺の「蘆《あし》」も「穂《ほ》」をつけ始め、「初雁《はつかり》」の姿とともに、秋の風情を醸《かも》し出します。人々は、その景色を味わい、賞美《しょうび》されたのでございます。そして雁は、冬の間湖沼《こしょう》で過ごし、雪解けの頃に、北の故郷《ふるさと》へ帰って行きます。

葛飾北斎《かつしかほくさい》画「北斎漫画《ほくさいまんが》 初編」
（文化十一年・一八一四年）

ところで「あし」の漢字には、いくつかの字体《じたい》がありますが、もともとは、穂の成熟したものを「葦《あし》《い》」、穂の出揃わないものを「蘆《あし》《ろ》」、穂の出ていないものを「葭《あし》《か》」と書き分けたそうで、今は一般に「葦」の字が使われております。また「芦」は、「蘆」の俗字でございます。

と言う訳で、雁《かり》《がん》がやって来る頃の「あし」の姿は、お皿の絵のように穂をつけ始めた「蘆《ろ》」の姿をしておりますので、お題は「蘆《ろ》雁《がん》」でございます。そして、描《えが》かれている雁は、嘴《くちばし》を開き、何やら呼び掛け合って、安全な群《む》れになろうとしております。

橘《たちばな》 守国《もりくに》画「絵本写宝袋《えほんしゃほうぶくろ》」
（享保五年・一七二〇年）

鍬形蕙斎《くわがたけいさい》画「略画苑《りゃくがえん》」
（文政六年・一八二三年）

雁《かり》［雁《かり》の見返《みかえ》り］

伊万里《いまり》　志田焼《しだやき》
江戸後期　一尺一寸皿

このお皿に描《えが》かれた鳥の姿と、そっくりの絵が、寛政《かんせい》元年（一七八九年）刊の「頭書増補《かしらがきぞうほ》訓蒙図彙《きんもうずい》」の中に載《の》っておりました。

鳥の姿の向きは、左右逆なのですが、裏から透《す》かして見ると、もうそのもので、鳥の名は、「雁《がん》かり」とありました。しかし、その姿は前かがみで、それが何を意味しているのかは、解《と》けぬままでした。

ところが、享保《きょうほう》六年（一七二一年）に出版された「画筌《がせん》」の中に、鳥の姿の一覧《いちらん》図《ず》が描《えが》かれており、同じような前かがみの鳥の姿の説明には、「頭をさげて、あとを見る勢《いきおい》（姿）」と書かれておりました。

水鳥の足には水掻《みずかき》があり、水上《すいじょう》では方向転《ほうこうてん》

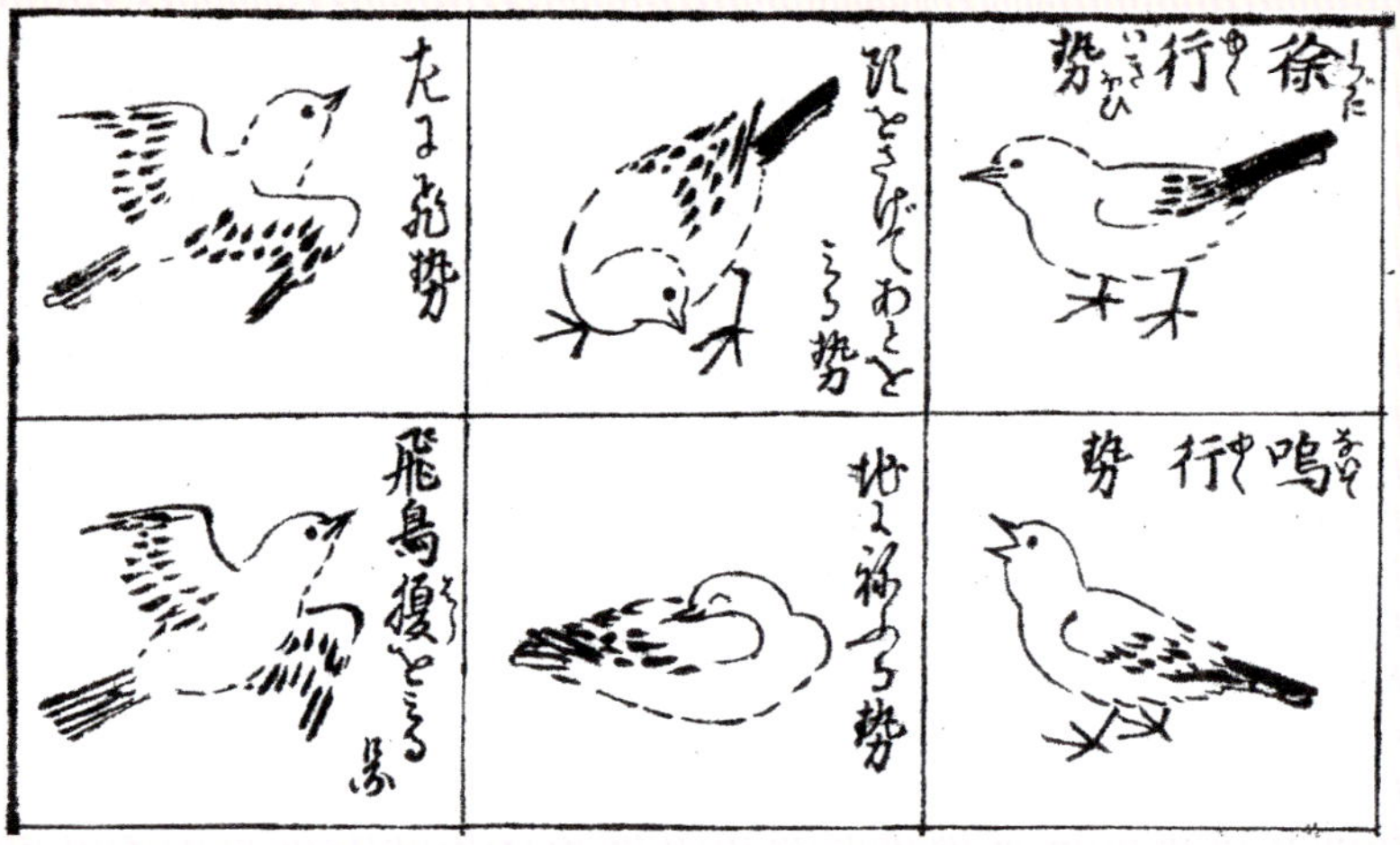

林守篤《はやしもりあつ》画「画筌《がせん》」
（享保六年・一七二一年）

換《かん》がたやすく出来ても、地上では、歩くのですらおぼつかないため、素早く後ろを見る時は、このような姿勢をとるのでございましょう。

因《ちな》みに、雁《かり》の上に出ている月は、「中秋《ちゅうしゅう》の名月《めいげつ》」の「十五夜《じゅうごや》」（旧暦八月十五日）ではなく、雁の来る時期からすると、十五夜の次に美しいとされている、旧暦九月の「十三夜《じゅうさんや》」の「後《のち》の月」と思われます。「十五夜」は、収穫した里芋《さといも》を供えるため「芋名月《いもめいげつ》」、そして栗を供える「十三夜」は、「栗名月《くりめいげつ》」とも呼ばれております。

（左右を反転）

下河辺拾水《しもこうべしゅうすい》画「頭書増補訓蒙図彙《かしらがきぞうほきんもうずい》」
（寛政元年・一七八九年）

落雁《らくがん》 ［着水《ちゃくすい》の様《さま》］

伊万里《いまり》 志田焼《しだやき》
江戸後期 九寸皿

雁《がん》は、晩秋に北方のシベリアよりやって来て、湖沼《こしょう》で冬を過ごし、春になると再び北の地に帰って行きます。

湖沼《こしょう》を塒《ねぐら》とするのは、狐《きつね》などの外敵《がいてき》から身を守るためで、そして夜が明けそうになると、餌《えさ》を求めて飛び立ち、田圃《たんぼ》などに行き、稲《いね》の落穂《おちぼ》や草を食べて昼を過ごします。その後、太陽が美しい夕日に変わる頃、列をなして塒《ねぐら》へと向かい、湖沼の上空まで来ると、着水《ちゃくすい》のための行動へと移ります。

その行動とは、「上空で旋回《せんかい》」をし始め、その後、急に「一羽ずつ回転」をしながら、ばらばらと「垂直に落下《すいちょくにらっか》」してゆき、そして「水面直前」で素早く「脚《あし》を前に出し」、「羽でブレーキ」をかけて着水《ちゃくすい》いたします。この

葛飾北樹画《かっしかほくじゅ》「北樹画譜《ほくじゅがふ》」
（嘉永五年・一八五二年）

林《はやし》 喜太郎《きたろう》画「百工画譜《ひゃっこうがふ》」
（明治二十六年・一八九三年）

情景が「落雁《らくがん》」と呼ばれるもので、近江八景《おうみはっけい》の「堅田落雁《かたたのらくがん》」は、よく知られております。

さて、北斎《ほくさい》門下の「葛飾北樹《かっしかほくじゅ》」が出された「北樹画譜《ほくじゅがふ》」（嘉永《かえい》五年・一八五二年刊）に、雁《がん》の落下する様子が描《えが》かれておりました。その絵と明治二十六年（一八九三年）に出された「百工画譜《ひゃっこうがふ》」（銅版画）の絵を、繋《つな》ぎ合わせて見たところ、ご覧のように落雁《らくがん》の全体の様子が浮かび上がりました。

そして、お皿の絵の雁《がん》の姿と、「百工画譜《ひゃっこうがふ》」の着水《ちゃくすい》の雁の様子は、よく似ております。やはり、往時《おうじ》の方々も、落雁《らくがん》の着水《ちゃくすい》する妙技《みょうぎ》に見とれていらしたのでございましょう。

ところで「干菓子《ひがし》」の「落雁《らくがん》」は、白い地《じ》の上に黒胡麻《くろごま》を散らし、落雁の風情を表現されております。

真鴨《まがも》［冬《ふゆ》の風物詩《ふうぶつし》］

伊万里《いまり》　志田焼《しだやき》
江戸後期　九寸皿

このお皿の絵の番《つがい》の鳥は、狩野派《かのうは》の絵師、橘守国《たちばなもりくに》画伯《がはく》が描《えが》かれた絵手本《えでほん》、「絵本通宝《えほんつうほう》志《し》」（享保《きょうほう》十四年・一七二九年刊）に、その物ずばりが載《の》っておりました。ところが、構図の左右が逆に描かれておりましたので、裏から透かして見たところ、然《さ》も似たりで、そしてお題は、冬の風物詩《ふうぶつし》の「真鴨《まがも》」でした。

日本において、磁器《じき》が焼かれるようになったのは江戸前期からで、朝鮮から渡来した「李参平《りさんぺい》」らが、有田泉山《ありたいずみやま》で良質な陶石《とうせき》を発見し、一六一六年に焼成《しょうせい》に成功したのが始まりとされております。以来、磁器は有田で焼かれ、伊万里《いまり》の港から積み出されたため伊万里焼とも呼ばれました。

当初から絵付けは、中国明《みん》代の器に倣《なら》い、

装飾的《そうしょくてき》に描《えが》かれて参りました。そこに、このお皿の絵のような、狩野派《かのうは》的な絵が多く現われるのは、江戸後期の文化《ぶんか》年間（一八〇四～一八一八年）の頃からです。

その訳は、それまで、門人《もんじん》しか見る事ができなかった狩野派《かのうは》の手本が、享保《きょうほう》年間（一七一六～一七三六年）の頃から、版本《はんぽん》として出版され、町絵師《まちえし》に大きな影響を与えたからでございます。そして、その後の文化年間の頃から、磁器《じき》の生産に力を入れ始めた「志田《しだ》窯《がま》」などが、町絵師の描《えが》く絵に着目し、その図柄《ずがら》を取り入れたのが、江戸絵皿の画期的《かっきてき》な変化でした。

そのため、これらの絵皿は、掛《か》け軸《じく》や屏風《びょうぶ》などの狩野派《かのうは》の絵と、同じ画風《がふう》になったのであります。そして婚礼などの宴席《えんせき》で、晴《は》れの料理が盛られる器《うつわ》として用いられ、食事とともに絵の意味まで楽しめるとして、人気を博したのでございます。

因《ちな》みに、当時の志田村の文書《もんじょ》には、「御絵《おえ》師《し》」の文字が見られ、絵師が厚遇《こうぐう》されていた様子が窺《うかが》われます。さて、「北斎漫画《ほくさいまんが》 初編」の鴨の雄鳥《おとり》は、何やら上を向いて威嚇《いかく》をし、雌鳥《めどり》を守っております。

橘守国《たちばなもりくに》画「絵本通宝志《えほんつうほうし》」（享保十四年・一七二九年）（左右を反転）

葛飾北斎《かつしかほくさい》画「北斎漫画《ほくさいまんが》 初編」（文化十一年・一八一四年）

柳《やなぎ》に燕《つばめ》［春《はる》のきざし］

伊万里《いまり》　志田焼《しだやき》
江戸後期　尺皿

「**柳《やなぎ》に燕《つばめ》**」の取り合わせは、寒い冬の後にやって来る、待《ま》ち侘《わ》びた「**春のきざし**」として愛《め》でられ、古くから描《えが》かれて参りました。

その様子を描《えが》いた絵が、江戸中期の「絵本《えほん》初心柱立《しょしんはしらだて》」（正徳《しょうとく》五年・一七一五年刊）に載《の》っており、次のような説明が記《しる》されておりました。

「燕《つばくら》　春の社日《しゃにち》に来て、秋の社日にさる《去》。どろ《泥》をふくみて、す《巣》を屋さきの下につくる。戊巳《つちのえみ》の日さくる《避》也」。

社日《しゃにち》とは、生まれた土地の神様（産土神《うぶすなかみ》）を祀《まつ》る日で、春分《しゅんぶん》と秋分《しゅうぶん》に最も近い、「戊《つちのえ》」（十干《じっかん》の五番目）の日の事です。

また、「干支《えと》」は、「十干《じっかん》」（甲・乙・丙……）

「絵本初心柱立《えほんしょしんはしらだて》」
（正徳五年・一七一五年）

と「十二支《じゅうにし》」（子・丑・寅……）の組み合わせで六十種あり、年ばかりではなく、日にちにも使われておりました。「戊巳《つちのえみ》の日をさくる」

葛飾北斎画《かつしかほくさい》
「北斎漫画《ほくさいまんが》 初編」
（文化十一年・一八一四年）

とは、「戊巳《つちのえみ》の日は巣作りを避《さ》ける」という意味で、「巳《み》」つまり、燕《つばめ》の天敵《てんてき》の「蛇」の日には、巣を作らないとの意でございます。

この謂《いわ》れは唐代《とうだい》の詩人、白居易《はくきょい》の禽虫《きんちゅう》十二章の詩の中にある、「燕の巣作りは、常に戊巳《つちのえみ》の日を避ける」からきております。

これは、白居易《はくきょい》の「想《おも》い」ですが、実際の巣作りは一週間程ですので、六十日に一回の戊巳《つちのえみ》の日と、ぶつかる事はほぼありません。

それにしても、古人《こじん》の花鳥と共に生きる、その季節感には感服《かんぷく》いたします。因《ちな》みに、燕が家の玄関などに巣を作る訳は、人の出入りするところには蛇が寄りつかず、心配が少ないからで、人もまた自然の一員として、天の仕事に役立っております。

柳桜《やなぎさくら》に燕《つばめ》［春《はる》の錦《にしき》］

伊万里《いまり》　志田焼《しだやき》
江戸後期　九寸皿

このお皿の絵は、「**枝垂柳**《しだれやなぎ》の新芽《しんめ》の浅緑《あさみどり》」、「**桜の花**の薄紅《うすくれない》」、その二色《ふたいろ》が織《お》りなす中を、この時ぞとばかりに、**番の燕**《つがいつばめ》が飛びかっております。この目に染《し》みるような美しさを、目《ま》の当たりにした時、その「柳と桜を混《ま》ぜて植えられた」、先人の豊かな情趣《じょうしゅ》の感性に驚かされました。

このような優美《ゆうび》な光景は、千年もの年月を越え、平安時代の初期には、すでに京の都で見られたようでございます。

江戸中期に出された橘守国《たちばなもりくに》画伯《がはく》の「扶桑《ふそう》画譜《がふ》」（享保《きょうほう》二十年・一七三五年刊）に、百人一首《ひゃくにんいっしゅ》で知られる、三十六歌仙《かせん》のお一人である素性法師《そせいほうし》が、近くの山で詠《よ》まれた歌とその心が、絵と共に次のように記《しる》されておりました。

都花《みやこのはな》　　素性法師《そせいほうし》

見渡《みわた》せば　柳《やなぎ》さくらを　こきまぜて
みやこぞ春の　錦《にしき》なりける

橘守国《たちばなもりくに》画「扶桑画譜《ふそうがふ》」
（享保二十年・一七三五年）

歌の心は、柳は緑《みどり》、花は紅《くれない》に咲《さき》まじりて、みゆれば（見）都《みやこ》は春の錦《にしき》を織《をり》かけたるごとく（如）なるといふ。柳桜こきまぜては、混乱《こんらん》したる也。柳さくらの咲まじへたるを、掻雑《こきまぜ》と書《かく》。遠《とを》くよりみれば、こきまぜたるやうに見ゆるとなり。

ここでの「混乱《こんらん》」の意味は、咲き乱れる様子の「繚乱《りょうらん》」で、今もこの時期がきますと、京の町のあちこちや、賀茂川《かもがわ》の堤《つつみ》では、立ち並ぶ「枝垂柳《しだれやなぎ》」と「染井吉野《そめいよしの》」、それに「花笠《はながさ》の形《かたち》」に仕立てられた「枝垂桜《しだれざくら》」が、「こきまぜ」の錦《にしき》を彩《あや》なしてくれます。

竹《たけ》に雀《すずめ》に雪輪《ゆきわ》［小《ちい》さい隹《とり》］

伊万里《いまり》　志田焼《しだやき》
江戸後期　九寸皿

草の種《たね》や小さな虫を好む雀《すずめ》は、山には棲《す》まず、人里のみで過ごし、春から夏の繁殖期《はんしょくき》には、野菜などに付く害虫や、その幼虫を大量に食べてくれ、人に幸をもたらしてくれます。

そして、秋から冬にかけては、鷹《たか》などから身を守るため、「安心な竹藪《たけやぶ》」などに集まり、草の種《たね》や田んぼの落穂《おちぼ》などを啄《ついば》みながら、寒さを凌《しの》いで、春を待つのだそうです。

画題にある、「**竹に雀**」の取り合わせは、ごく自然の風景であり、江戸前期の、「絵本《えほん》忘草《わすれぐさ》」（貞享《じょうきょう》五年・一六八八年刊）にも、その「竹に雀」の絵が載っておりました。そして、絵と共に、「雀《すずめ》は小鳥也《の》。故に文字にも、隹《すずめ》小にしたがふといへり……後略」との説明がありました。

愚獨《ぐどく》著「絵本忘草《えほんわすれぐさ》」
（貞享五年・一六八八年）

葛飾北斎《かつしかほくさい》画
「北斎漫画《ほくさいまんが》 初編」
（文化十一年・一八一四年）

しかし、その意味が解《わか》らないので、辞典で調べてみたところ、「雀」の漢字の「隹《とり》」の上部は、もとは「少」ではなく「小」との事でした。つまり「小《ちい》さい隹《とり》」。そこで、推理としては、その「小隹」の字が、崩《くず》し書きになると「𫟖」となり、そして「雀」に変化していったのではと、推《お》し量《はか》りました（仮説）。些細《ささい》な事ですが、謎解きは楽しいものです。

さて、ここにある絵皿には、冬を表わす「雪持《ゆきも》ちの竹《たけ》」が描《えが》かれ、「雪輪《ゆきわ》」文様が施《ほどこ》されております。

そのような訳で、「竹に雀に雪輪」の図柄《ずがら》は、「冬の間を人里の竹藪で過ごす」、けなげな雀を愛《め》でているのでございます。そこには、人もまた「冬来《き》たりなば、春遠からじ」の人生観が投影《とうえい》されております。

竹《たけ》に雀《すずめ》［呉竹雀《くれたけすずめ》］

伊万里《いまり》　志田焼《しだやき》
江戸後期　九寸皿

竹に雀は、和平《わへい》を感じる、取り合わせの良い図柄《ずがら》として、古くから描《えが》かれて参りました。

このお皿の絵を、初めて目にした時、今にもお皿から飛び出してきそうな雀の姿と、春の訪れを知らせる**竹の子**との、その絶妙《ぜつみょう》な構図に目を奪われました。

時は流れ、ある日手にした、江戸中期の、「絵本鶯宿梅《えほんおうしゅくばい》」（元文《げんぶん》五年・一七四〇年刊）に、この絵のお手本となったと思われる、絵がございました。

この本の絵の作者は、橘守国《たちばなもりくに》画伯で、その構図の絶妙《ぜつみょう》さは、またしても、然《さ》もありなんでございました。

橘《たちばな》　守国《もりくに》画「絵本《えほん》鶯《おう》宿《しゅく》梅《ばい》」
（元文五年・一七四〇年）

絵のお題には、「呉竹雀《くれたけすずめ》」と書かれております。その頃は、まだ孟宗竹《もうそうちく》も渡来《とらい》したばかりで、この**呉竹**《くれたけ》（「淡竹《はちく》」とも。淡竹はもともと中国名）の竹の子の程よい苦味《にがみ》が美味で、春の味覚として、賞《め》でられたのでございましょう。

因《ちな》みに呉竹《くれたけ》は、「三国志」の「魏《ぎ》・呉《ご》・蜀《しょく》」で知られる「呉《ご》」の国から渡来した竹の意でございます。呉《ご》を「呉《くれ》」と読むのは、日本の西方《せいほう》の、「日の『暮《く》れ』る国」の意《い》で、広く中国の称《しょう》ともなっております。また、和服の織物の「呉服《ごふく》」も、呉《ご》の国から伝えられたとの事です。

呉服などに用いられる、天がおつくりになった、「土に戻る天然繊維」は、ポリエステルなどのような、地球を汚す合成繊維とは違い、これから先も和平《わへい》の心を紡《つむ》いでくれる事でございましょう。

福良雀《ふくらすずめ》・脹雀《ふくらすずめ》［春《はる》を待《ま》つ］

寒さの厳しい寒中《かんちゅう》、雀は全身の羽毛《うもう》をふくらませて、空気を蓄《たくわ》え、寒気が直接身体《からだ》に届かぬようにして、身を守ります。そのいじらしく可憐《かれん》な姿を、先人は「ふくらすずめ」と呼び、「福良雀《ふくらすずめ》」や「脹雀《ふくらすずめ》」の文字を当てて愛《め》でられました。

見ているだけでも、温《ぬく》もりを感じるその姿は、文様にもされ、着物や什器《じゅうき》などに描《えが》かれ、家紋《か もん》としても好まれたようでございます。

江戸時代の、「紋帳早見大成《もんちょうはやみたいせい》」（安政《あんせい》三年・一八五六年刊）には、福良雀を、正面から見た文様の「ふくらすずめ」や、丸

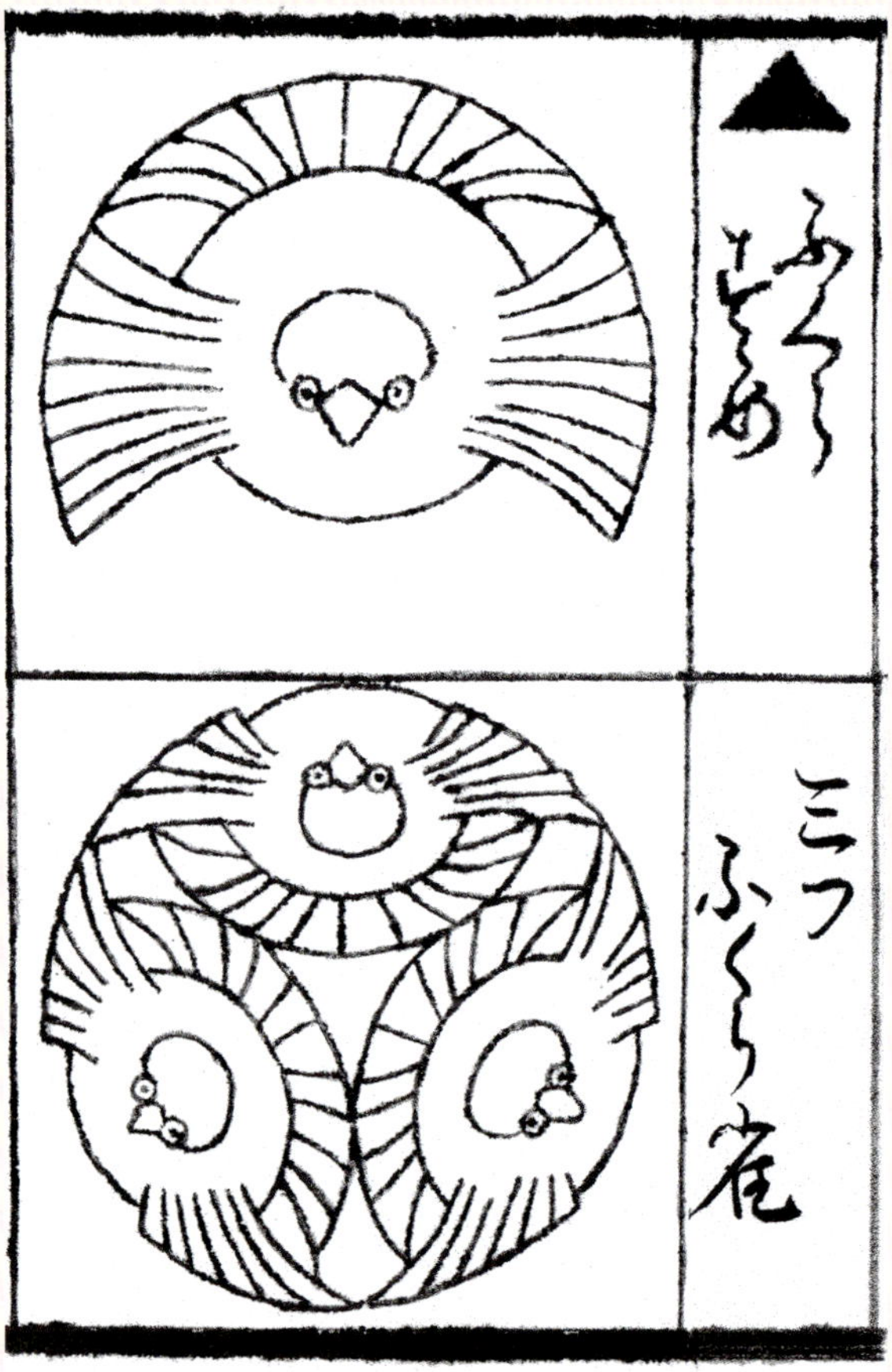

「紋帳早見大成《もんちょうはやみたいせい》」
(安政三年・一八五六年)

伊万里《いまり》　志田焼《しだやき》
江戸後期　一尺一寸皿

の中に三羽を納めた、「三つふくら雀」などが、載《の》っておりました。

さて、お皿の絵には、中央の見込みに冬を表わす「雪輪《ゆきわ》」の文様があり、そして、顔の下の方を丸くふくらませた二羽と、下から眺めた一羽の福良雀が、踊っております。

この雀の姿を見ていると、「人もつらい時期があるけれども、そんな時は、寒雀《かんすずめ》のふくらむごとく、心に温《ぬく》もりを蓄《たくわ》えながら、春を待てばいい」、との声が聞こえて参ります。

また、竹の幹の描《えが》き方は、「動《うご》き」を感じさせる「捻《ね》じ文様」に工夫されており、竹の葉も揺《ゆ》らめき、冬でありながらも春近しとの、「陽《よう》の気《き》」が漂《ただよ》っております。それでは、今一度絵を見比べて、お楽しみください。

雀《すずめ》［雀孝行《すずめこうこう》］

伊万里《いまり》　志田焼《しだやき》
江戸後期　尺皿

思い込みとは、恐《おそ》ろしいものでございます。このお皿の絵の、**松の木**に止まっている小鳥には、白い頬《ほお》の中に斑点《はんてん》があります。野鳥図鑑などで調べてみたものの、長らく見つける事が出来ずにおりました。

ところが、文政《ぶんせい》元年（一八一八年）刊の「草《そう》木《もく》鳥《ちょう》獣《じゅう》諸《しょ》職《しょく》絵《え》手《で》本《ほん》」を手に入れ、頁《ページ》を繰《く》っておりましたところ、頬《ほお》に斑点《はんてん》のある鳥が載《の》っておりました。そして、その鳥の名前は、なんと「**すずめ**」と書かれており、それはもう燈台下暗《とうだいもとくら》しでございました。

さて、日本各地には、「雀孝行《すずめこうこう》」と題された昔話が色々とございます。地方によって細部は異なりますが、意味合いは、おおよそ同じですので御紹介いたします。

紀朝臣敏著
「草木鳥獣諸職絵手本《そうもくちょうじゅうしょしょくえでほん》」
（文政元年・一八一八年）

葛飾北斎画《かつしかほくさい》
「北斎画譜《ほくさいがふ》」
（嘉永二年・一八四九年）

雀孝行《すずめこうこう》

小鳥達の親が、病気になってしまいました。「雀《すずめ》」は、顔も洗わず駆《か》け付《つ》け、看病《かんびょう》したので親は死なずに済みました。一方「燕《つばめ》」は、きれいな服に着替《きが》え、お化粧《けしょう》に時間をかけたので、その間に親の病気はすすんで、死んでしまいました。そこで神様は、親孝行の雀には、「一生お米を食べてよろしい」とされ、燕《つばめ》には、「稲が実る頃、遠い国へ行くように」とされたのです。

昔話には教訓的なものが多く、このお話も、雀の「顔の斑点」や「のどの黒い模様《もよう》」を、顔も洗わずに駆《か》けつけた、その証《あか》しとされた訳でございます。往時《おうじ》の方々は、このようなお皿を、子供達に見せながら、お話を語って聞かせられたのでございましょう。

北斎翁《ほくさいおう》も、そんな雀を愛《いとお》しんで描《えが》いておられます。

松《まつ》に鷹《たか》［鷹揚《おうよう》］

二点とも
伊万里《いまり》　志田焼《しだやき》
江戸後期　一尺一寸皿

鷹《たか》は、武芸上達のために行なわれた鷹狩《たかがり》の主役で、その精悍《せいかん》さが好まれ、しばしば画題とされて参りました。寛政《かんせい》元年（一七八九年）刊の「頭書増補訓蒙図彙《かしらがきぞうほきんもうずい》」には、鷹の事が絵と共に、次のように説明されております。

「鷹《たか》は惣名《さうみやう》にて、大小その品多《しなおほ》く勇猛《ゆうもう》の鳥なり。田猟《でんりやう》にもちひて、諸鳥《しよてう》をとらしむる事は、そのかみ神功皇后《じんぐうくはうごう》の御代《みよ》に、百濟国《はくさいこく》よりはじめて鷹を献《けん》ぜしとかや。それより代々《よよ》鷹《たか》をもてあそび給《たま》ふ。鷹は、朝鮮国《てうせんこく》の産《さん》を第一とす」。

※注　惣名《そうみょう》＝総称
　　　田猟《でんりょう》＝狩り

さて古人は、鷹が何事にも恐れず、大空をゆうゆうと飛揚《ひよう》する姿を愛《め》で、「鷹揚《おうよう》」と表

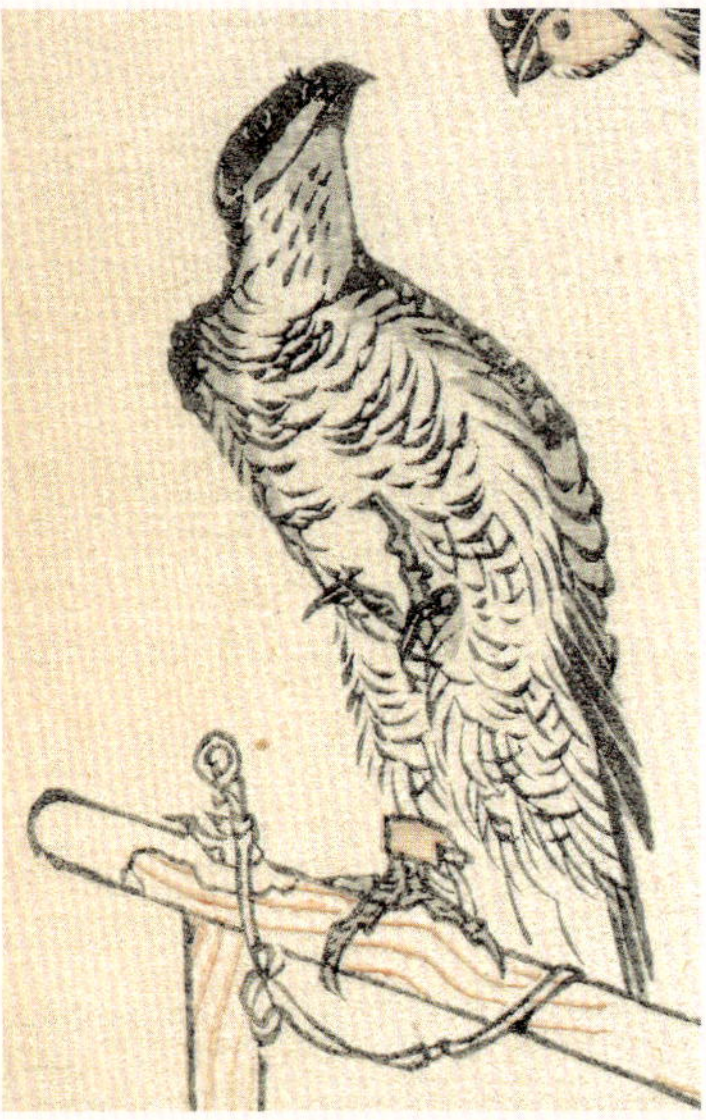

葛飾北斎画《かつしかほくさい》「北斎漫画《ほくさいまんが》 初編」（文化十一年・一八一四年）

現されました。転じて、ゆったりと落ちついている事を、鷹揚《おうよう》と言うようになり、今も「鷹揚な態度で話す人」などと使われております。

ところで、鷹《たか》と鷲《わし》は、同じタカ科の鳥ですが、その中で「大型のもの」が、「鷲《わし》」と呼ばれております。

桜井雪館画《さくらいせっかん》「和漢画則《わかんがそく》」（安永三年・一七七四年）

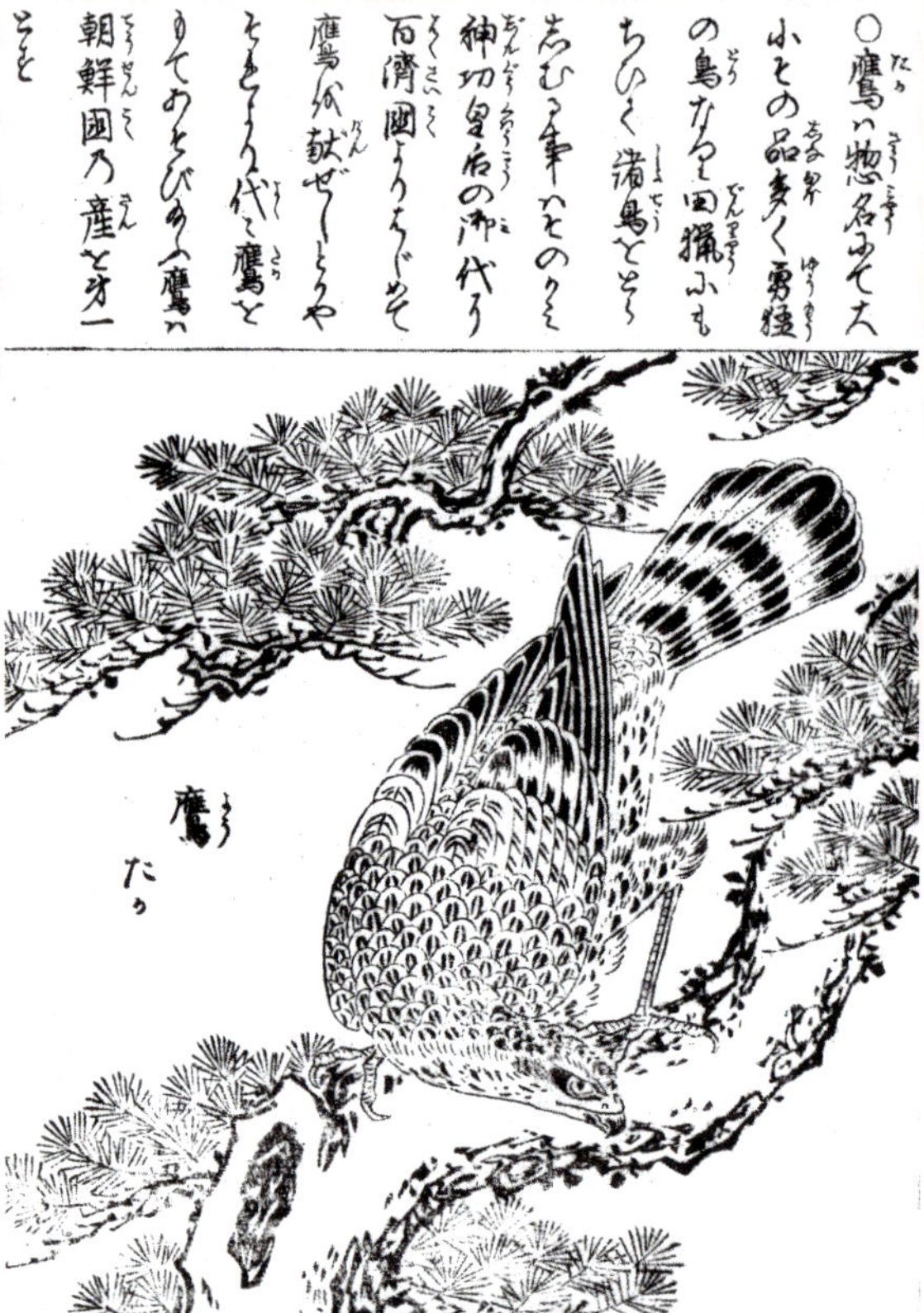

下河辺拾水画《しもこうべしゅうすい》「頭書増補訓蒙図彙《かしらがきぞうほきんもうずい》」（寛政元年・一七八九年）

「北斎漫画《ほくさいまんが》」の二編には、「こう里《り》んもの」と記《しる》された頁《ページ》に、色々な鳥が描《えが》かれております。しかし、これまた、鳥の名は記されておりません。

しかし、おおよその見当《けんとう》はつきますので、そのいくつかを骨董市《こっとういち》などで収《しゅう》集《しゅう》した絵皿と、当時の絵手本《えでほん》を見比《みくら》べながら紹介して参ります（102ページから125ページ）。まずは、それぞれの鳥を眺め、御自分なりの推理をして、その心の動きをお楽しみください。

ところで、北斎翁《ほくさいおう》は、八十一歳年上《としうえ》の橘守国《たちばなもりくに》画伯《がはく》ばかりではなく、百二歳年上の尾形光琳《おがたこうりん》の画風《がふう》にも、興味を持たれていたようでございます。

合川珉和《あいかわみんわ》編・尾形光琳《おがたこうりん》画「光琳画式《こうりんがしき》」
（文化十五年・一八一八年）

まずは何の鳥か推理を

葛飾北斎《かつしかほくさい》画「北斎漫画《ほくさいまんが》二編」二十一丁裏（文化十二年・一八一五年）

粟《あわ》に鶉《うずら》［五穀豊穣平安《ごこくほうじょうへいあん》］

伊万里《いまり》　志田焼《しだやき》
江戸後期　一尺一寸皿

「**粟《あわ》に鶉《うずら》**」は、古くからの画題で、江戸時代にも好んで描《えが》かれたようでございます。その鶉《うずら》の事柄《ことがら》が、寛政《かんせい》元年（一七八九年）刊の「頭書増補訓蒙図彙《かしらがきぞうほきんもうずい》」に、次のように述べられております。

「鶉《うずら》は、ひよどりの大《おお》さほどありて、丸《まる》き形《かたち》なり。惣身《さうしん》こまかなる、ふ（斑）あり。赤《あか》ふ黒《くろ》ふの二品《ひん》あり。秋《あき》のすへに至《いた》りてなく。人此声《このこえ》をば賞《しやう》じて、多《おお》く籠《こ》に入《いれ》てかふ。粟《あわ》をこのんで食《くら》ふ。あぶり食《しょく》すれば、五臓《ごぞう》をおぎなひ中《うち》をますなり」。（中《うち》とは心の意）

ところで、江戸時代には、武士の間で鳴き声を競い合う「**鶉合せ《うずらあわせ》**」が行なわれ、大正時代まで続いたそうでございます。

上二点とも
伊万里《いまり》　志田焼《しだやき》
江戸後期　尺皿

下河辺拾水《しもこうべしゅうすい》画「頭書増補訓蒙図彙《かしらがきぞうほきんもうずい》」
（寛政元年・一七八九年）

葛飾北斎《かつしかほくさい》画「北斎漫画《ほくさいまんが》 二編」
（文化十二年・一八一五年）

お皿の絵の雄鳥《おとり》は、周《まわ》りの気配《けはい》を窺《うかが》い、雌《め》鳥《どり》は雄鳥に守られ、安心して、餌を啄《ついば》んでおります。

さて、鶉《うずら》は中国において「鵪《あん》」と書き、「安《あん》」との音通《おんがよ》いで、平安を象徴《しょうちょう》するとされております。そして粟《あわ》も、五穀豊穣《ごこくほうじょう》の象徴。尤《もっと》も平和の和の「禾偏《のぎへん》の禾《のぎ》」は、「粟の穂《ほ》の丸くしなやかに垂《た》れた様」を描《えが》いたもので、「角《かど》がたたない」の意がございます。さすが、先人はお見事です。

富士《ふじ》に鶉《うずら》［御吉兆《ごきっちょう》］

伊万里《いまり》　志田焼《しだやき》
江戸後期　尺皿

青森の弘前八幡宮《ひろさきはちまんぐう》には、「御吉兆場《ごきっちょうば》」というところがあり、そこでは、鶉《うずら》が飼われていたそうでございます。

「鳥の鳴き声」を、「人の言葉で置き換える」事を、「聞《き》き做《な》し」と申しますが、鶉《うずら》には、いくつかの鳴き方があり、その一つの「聞き做し」に「御吉兆《ごきっちょう》」があります。

江戸時代には、犬や猫、金魚などと共に、鳥を飼う事が流行いたしました。鶉《うずら》は、武士や裕福な人達に好まれ、その姿、羽の斑紋《はんもん》、そして鳴き方が、品定《しなさだ》めの見所《みどころ》でした。そんな中で、「御吉兆《ごきっちょう》」と上手に鳴く鶉は、特に大切にされたそうです。その「吉兆《きっちょう》」の意味は、「良い事の起きる兆《きざ》し」であり、「鶉は吉《きっ》報《ぼう》を知らせる鳥」としても愛《め》でられたのでご

ざいます。

このお皿には、火灯窓《かとうまど》の中に、吉兆のめでたい鶉《うずら》が描《えが》かれ、遠くには、これまためでたい富士の山、そしてそこには、めでたいしるしの瑞雲《ずいうん》がたな引き、めでたしの様相《ようそう》を呈《てい》しております。

伊万里焼《いまりやき》
江戸後期　六寸皿

さて、もう一枚のお皿の絵は、その鶉《うずら》を飼うために用いられた、立派な花菱《はなびし》文様の「鶉《うずら》籠《かご》」です。そして鶉の様子は、例の如《ごと》く、雄《お》鳥《とり》が高いところで周《まわ》りを見張り、雌鳥《めどり》は安心をして、卵を産むために粟《あわ》の実《み》を啄《ついば》んでおります。

五穀《ごこく》の一つである粟の実《み》は、播《ま》けば芽の出る種《たね》で、生命《いのち》のある種《たね》の全体を食すれば、病《やまい》知《し》らずとされております。玄《げん》米《まい》、玄麦《げんばく》、玄蕎麦《そば》、粟《あわ》、稗《ひえ》、黍《きび》、豆《まめ》等々、これらの種は人のみならず、鳥達の生命の種《たね》でもございます。

さてさて、何やら「粟おこし」が食べたくなって参りました。

瑞雲《ずいうん》に鶉《うずら》［秋《あき》の風情《ふぜい》］

伊万里《いまり》　志田焼《しだやき》
江戸後期　一尺一寸皿

このお皿に描《えが》かれている、「流れて来たような雲」は、絵皿でよく見かける図柄《ずがら》でございます。このような雲は、めでたいしるしの雲として、「瑞雲《ずいうん》」と呼ばれており、その形は色々なものが見受けられます。

古くより人々は、雲の形や動く様子を「雲気《うんき》」と呼び、日頃より天候の兆《きざ》しを感じとってきました。また、それらが転じて吉凶《きっきょう》などの判断にも用いられ、そこで「雲気《うんき》」は、「運気《うんき》」に通じるともされて参りました。

さて、「瑞《ずい》」の字を、辞書で調べますと、国語辞典には「めでたい事。めでたいしるし」とあり、漢字辞典では、「甘露《かんろ》や美しい雲など、天の神が善政《ぜんせい》をほめてくだすしるし。またなめでたい兆候《ちょうこう》」と記《しる》されております。そして

伊万里《いまり》　志田焼《しだやき》
江戸後期　尺皿

「瑞《ずい》」の字の意読《いどく》には、「瑞《しるし》」とありました。

と言う訳で「瑞《ずい》」の字は、古くより「めでたい瑞《しるし》」、「めでたい事や物の、様子や兆《きざ》し」の意味合いで使われてきたようです。そこでめでたい「鶴や鳳凰《ほうおう》」などは「瑞鳥《ずいちょう》」、「麒麟《きりん》や龍」などは「瑞獣《ずいじゅう》」と呼ばれております。

このお皿には、運気を運んで来た「めでたい瑞雲」と「豊穣《ほうじょう》のしるしである粟《あわ》」、そして、「美声を愛された鶉《うずら》」が描《えが》かれており、天がおつくりになった「秋《あき》の風情《ふぜい》」が、そこはかとなく漂《ただよ》っております。

さて、もう一枚のお皿の絵は、「秋海棠《しゅうかいどう》に番《つがい》の鶉《うずら》」。秋海棠は、江戸前期に、中国より初めて長崎に渡来《とらい》した花であります。春に桜のような花を咲かす、花木《はなき》の「海棠《かいどう》」の花に似ており、そして春ではなく、秋に咲くため「秋海棠《しゅうかいどう》」と名付けられました（「花・七福神の巻」80ページを参照下さい）。そこで、実《みの》りの秋の粟《あわ》と同じく、「秋の風情」の象徴として、描《えが》かれているのでございます。

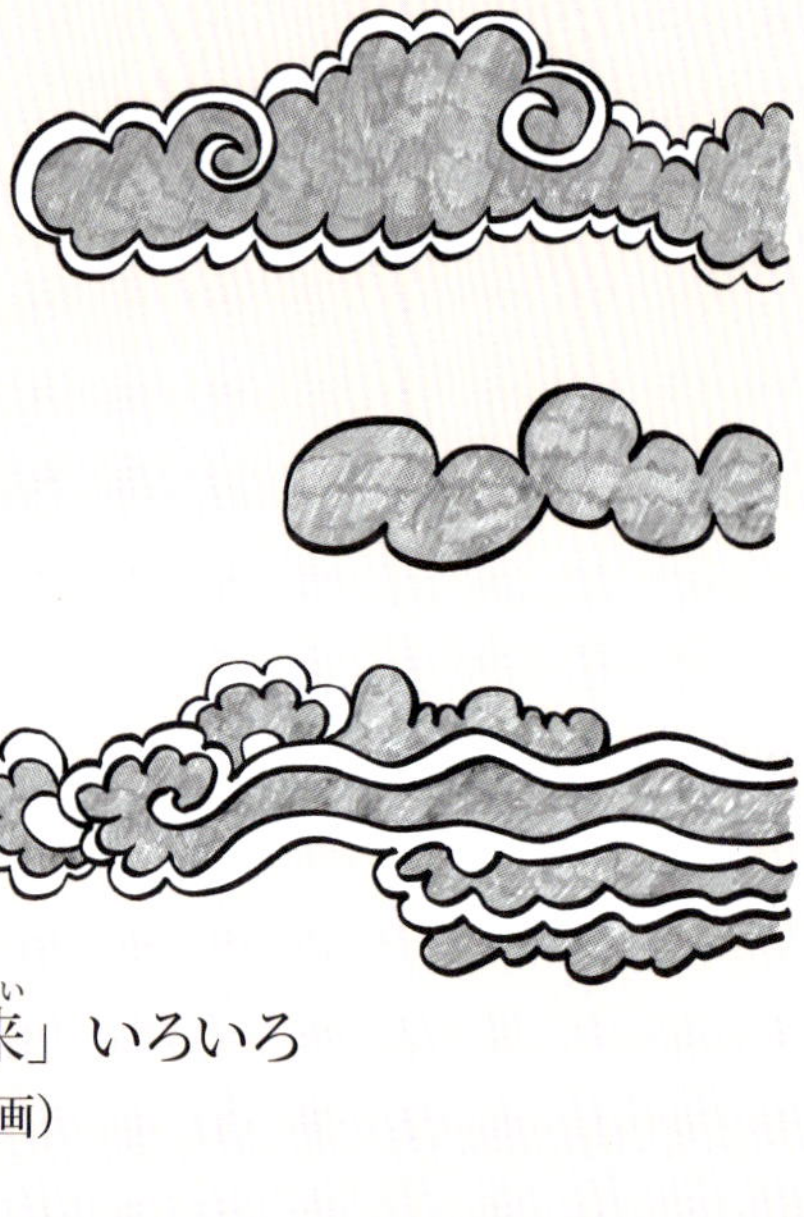

「瑞雲去来《ずいうんきょらい》」いろいろ
（若杉佳子 画）

鶉《うずら》［鶉斑《うずらふ》］

伊万里焼《いまりやき》
江戸中期　七寸皿

江戸時代には、小鳥などを飼って楽しむ事が流行し、その中でも鶉《うずら》は、「鳴き声」、「姿形《すがたかたち》」、「美しい羽」と美点《びてん》が三拍子《さんびょうし》揃っており、愛玩《あいがん》されたようでございます。

鶉《うずら》はもともと、朝鮮半島や日本の北国などで繁殖し、秋になると関東以南に飛来し、越冬《えっとう》いたします。その大きさは二〇センチ程で、ずんぐりと蹲《うずくま》っているような姿をしており、そこで、その「蹲《うずくま》る」の「うず」に接尾語《せつびご》の「ら」を付けて、「うずら」という名になったとされております。

さて、お皿の絵の鶉《うずら》は、細密《さいみつ》に描《えが》かれており、特に羽の斑《ふ》が印象的でございます。鶉が愛《め》でられる理由の一つが、この斑の美しさで、この斑は「鶉斑《うずらふ》」と呼ばれており、陶器など

大岡春卜《おおおかしゅんぼく》写画　正甫《せいほ》原画
「和漢名筆画本手鑑《わかんめいひつえほんてかがみ》」
（享保五年・一七二〇年）

の美しい斑《ふ》の模様《もよう》にも「鶉斑《うずらふ》」の名称が使われております。

また、木の木目《もくめ》においても、「鶉斑《うずらふ》」のような微細《びさい》な美しさを持つ板などは、「鶉目《うずらめ》」や「鶉杢《うずらもく》」と呼ばれており、座敷《ざしき》の天井板《てんじょういた》などに用いられ、珍重《ちんちょう》されて参りました。そして、その「鶉杢《うずらもく》」は、屋久杉《やくすぎ》の異称にもなっております。お皿の絵の鶉も、絵手本《えでほん》の鶉も、美事《みごと》な「鶉斑」でございます。

さて、絵手本《えでほん》の「和漢名筆画本手鑑《わかんめいひつえほんてかがみ》」（享《きょう》保《ほう》五年・一七二〇年刊）は、江戸時代の中期に、橘守国画伯《たちばなもりくにがはく》と共に、良質の絵手本を出版され、北斎《ほくさい》や蕙斎《けいさい》、英泉《えいせん》、広重《ひろしげ》など、江戸後期の絵師に、多大な影響を与えた「大岡春卜《おおおかしゅんぼく》」翁《おう》（大岡派始祖）が、その弟子のために、和漢の名筆を集められた絵手本です。

93頁
「和漢名筆画本手鑑《わかんめいひつえほんてかがみ》」文章部分

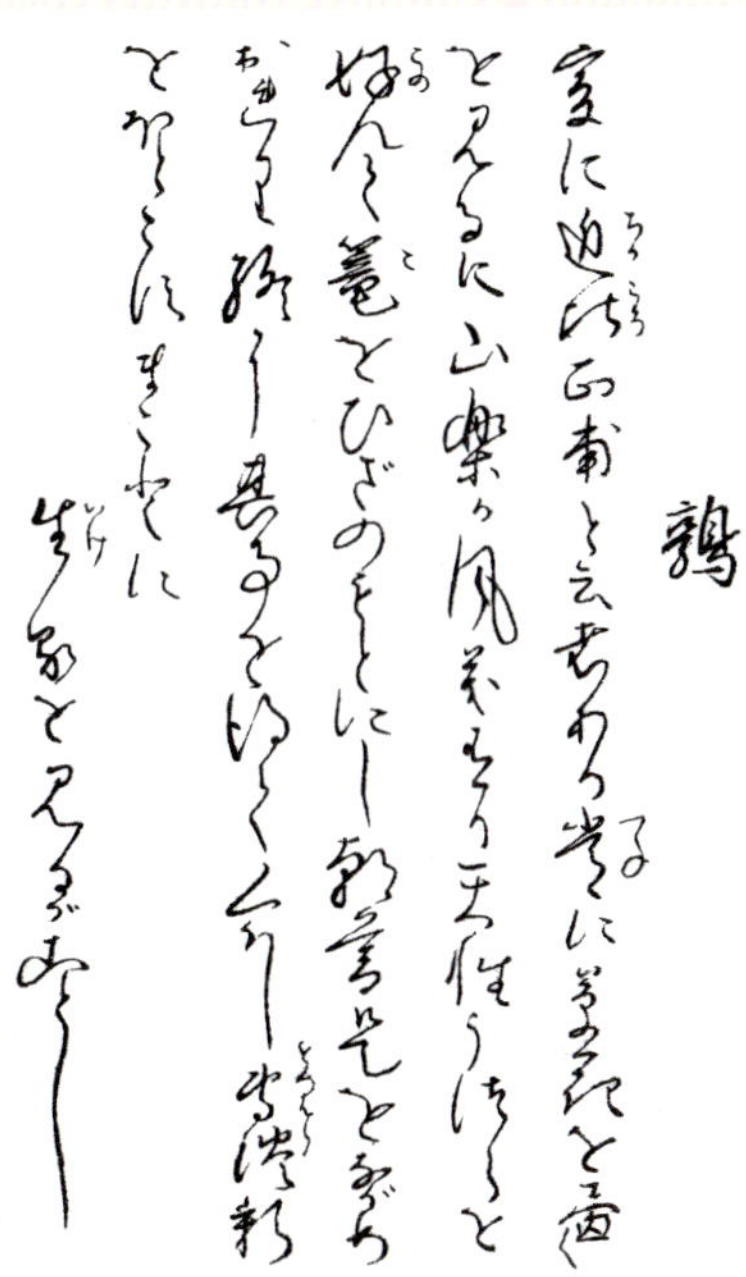

伊藤若冲《いとうじゃくちゅう》画「群鶏図《ぐんけいず》」
（明和二年・一七六五年以前）
皇居三の丸尚蔵館

絵手本の鶉《うずら》を見ていると、あの巧妙《こうみょう》な鶏《にわとり》の絵で知られる「伊藤若冲《いとうじゃくちゅう》」が、春卜翁《しゅんぼくおう》の絵手本で学ばれた事に、納得するばかりです。

さてこの絵手本は、伊藤若冲《いとうじゃくちゅう》が四歳の時に出されたものです。そして、この鶉の絵は、大坂の「正甫《せいほ》」という絵師の描《えが》かれたもののようで、次のような説明がされておりました。

鶉《うずら》

爰《ここ》に近頃《ちかごろ》、正甫《せいほ》と云者あり。常《つね》に草花を画《か》くを見るに、山楽《さんらく》が風義《ふうぎ》有り。天性うづらを好《この》んで、篭《こ》をひざのもとにし、朝暮《ちょうぼ》是《これ》をながめおれり。終《つい》に其事《そのこと》を得てぐは（画）し、専《もっぱら》淡影《たんえい》をほどこす。まことに生《いけ》るを見るがごとし

伊万里《いまり》　志田焼《しだやき》
江戸後期　一尺一寸皿

若冲《じゃくちゅう》が、庭で数十羽の鶏《にわとり》を飼《か》い、ひたすら観察をし続け、一年程経った時、おのずと筆が動き始めたという話は、有名でございます。その観察や写生への向き合い方は、鶉《うずら》の絵の名手である「正甫《せいほ》」の姿勢を誉《ほ》められた、春卜《しゅんぼく》翁のこの一文から、学ばれたのでございましょう。

ところで、辞書を引きますと「葛飾北斎《かつしかほくさい》」や「伊藤若冲《いとうじゃくちゅう》」のお名前は、出て参りますが、橘守国《たちばなもりくに》や大岡春卜《おおおかしゅんぼく》のお名前は、あまり出て参りません。辞書は、江戸後期の多くの絵師が、模範として私淑《ししゅく》したお二人を、きちんと採《と》り上げて頂きたいものでございます。

柳《やなぎ》に鷺《さぎ》［一路功名《いちろこうみょう》］

染付《そめつけ》　伊万里《いまり》　志田焼《しだやき》
江戸後期　尺皿

「一路功名《いちろこうみょう》」は、画題でございます。お皿の絵では、「一羽の鷺《さぎ》」に柳を配したものが多いようで、その場合は、「柳鷺《りゅうろ》」とも呼ばれております。

そして「一路功名《いちろこうみょう》」の意は、一羽の鷺《さぎ》の「一鷺《いちろ》」を「一路《いちろ》」に掛け、「一筋の路《みち》を、一歩一歩すすんでいれば、必ず身が立つ」、との事です。

さて、ここに同じ構図の、二枚のお皿があります。偶然にも、同じ年に見つけたもので、「色絵《いろえ》」のものは、「本焼きされた染付《そめつけ》（青絵《あおえ》）の皿」を、「赤絵屋《あかえや》」に持ち込み、再び色を加えて「二度焼き」にしたもので、上等な品として、人々の目を楽しませました。

葛飾北斎画《かつしかほくさい》
「北斎漫画《ほくさいまんが》 二編」
（文化十二年・一八一五年）

色絵《いろえ》　伊万里《いまり》
志田焼《しだやき》
江戸後期　尺皿

一路功名図《いちろこうみょう》
大原東野《おおはらとうや》写画「名数画譜《めいすうがふ》」
（文化七年・一八一〇年）

このような「一路功名《いちろこうみょう》」のお皿を、身近なところに飾り、日頃から眺めていれば、おのずと焦《あせ》る事も少なくなり、心は落ちつく事でございましょう。

「座右《ざゆう》の銘《めい》」の「座右」とは、身近なところの意で、「銘」は、深く戒《いまし》めとする言葉ですが、このお皿の絵にも「心《こころ》の養生《ようじょう》」の「銘文《めいぶん》」として、「一路功名」が込められております。

鷺《さぎ》［疎柳三思《そりゅうさんし》］

伊万里焼《いまりやき》
江戸後期　尺皿

鷺《さぎ》にまつわる画題《がだい》に、冬に葉を落とした柳に、**三羽の鷺《さぎ》**を配した、「**疎柳三思《そりゅうさんし》**」があります。そして、それぞれの鷺は、思い思いの表情で、描《えが》く事になっております。

お皿の絵には、中央の見込《みこ》みに「**波立《なみだ》つ水《すい》流《りゅう》**」、そして、その水の流れを制《せい》するための、「**蛇籠《じゃかご》**」（竹の籠に石を詰めたもの）が見え、水《みず》辺《べ》の風景が描《えが》かれております。また、その周りには、**柳と思《おぼ》しきもの**があり、そこに佇《たたず》む三羽の鷺《さぎ》は、何やら思案顔《しあんがお》でございます。

さて、疎柳三思《そりゅうさんし》の「三思《さんし》」とは、「三度よく考える」。つまり、深く思案《しあん》するとの意《こころ》で、諺《ことわざ》にもなっております。その諺は、「君子《くんし》は三思一言《さんしいちごん》」。「君子は、何事もよく考えてから言葉にする」との事で、言葉は慎《つつし》むべきだと

書名不明（江戸時代中期）
版心に「宝」とあり

の、戒《いまし》めでございます。その「君子」の意を辞書で引くと、「知と徳の備《そな》わった人」と記《しる》されております。

お皿の絵は、表情の違う三羽の鷺《さぎ》で三思を表わし、そして、はやる荒波《あらなみ》を人の心に譬《たと》えて、蛇籠《じゃかご》で制し、自重《じちょう》の大切さを示唆《しさ》しているようです。

本の体裁《ていさい》から、江戸時代の一七〇〇年頃に出版されたと思われる絵手本《えでほん》に、お皿の絵のような三羽の鷺《さぎ》が描《えが》かれておりました。その中の屈《かが》んでいる一羽は、口を開いており、その他《ほか》の二羽は、口を閉じております。これは「阿吽《あうん》」の表情で、「万物の初めと終り」を象徴《しょうちょう》しております（34ページ参照）。

よく見ると、お皿の絵の屈《かが》んだ鷺《さぎ》も同じ表情で、三思ばかりでなく、「阿吽《あうん》」の「初めと終わり」の意から生まれた、「原因と、知《ち》徳《とく》による結果」への思いも、示唆《しさ》されているようでございます。

つまり「阿《あ》という始まりの原因も、人の知徳の有りようで、良くも悪くも、吽《うん》という結果（最後）におさまる」との事です。まずは、「知徳」の語句を知った事で、「一つ知れば、一つ楽になる」につなげたいものでございます。

蛇籠《じゃかご》に光琳千鳥《こうりんちどり》

伊万里《いまり》　志田焼《しだやき》
江戸後期　五寸皿

今もよく見られるものに、「光琳模様《こうりんもよう》」と呼ばれる図柄《ずがら》がございます。元禄《げんろく》文化の担《にな》い手のお一人であった尾形光琳《おがたこうりん》は、今から三百六十年程前の万治《まんじ》元年（一六五八年）に、京都の呉服商の家にお生まれになり、初め狩野《かのう》・土佐《とさ》両派の画風《がふう》を学び、その後、宗達《そうたつ》派《は》（俵屋宗達《たわらやそうたつ》）の装飾画風《そうしょくがふう》に傾倒《けいとう》されました。

そんな中、独自の「たおやかな意匠《いしょう》」を編《あ》み出され、この画風が琳派《りんぱ》の始まりでございます。その意匠《いしょう》は、「花や鳥の姿を単純に描《えが》き」、「輪郭《りんかく》を強調《きょうちょう》」させたもので、ほのぼのとした風情《ふぜい》のある絵でございます。

そして、光琳の描《えが》かれた文様をもとに、画工の方々によって手を加えられたものが、「光琳風《こうりんふう》」または「光琳模様《こうりんもよう》」と呼ばれるも

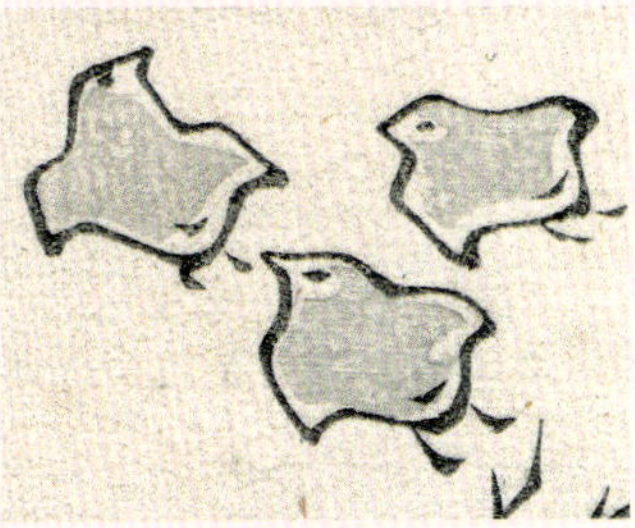

葛飾北斎画《かつしかほくさい》
「北斎漫画《ほくさいまんが》 二編」
（文化十二年・一八一五年）

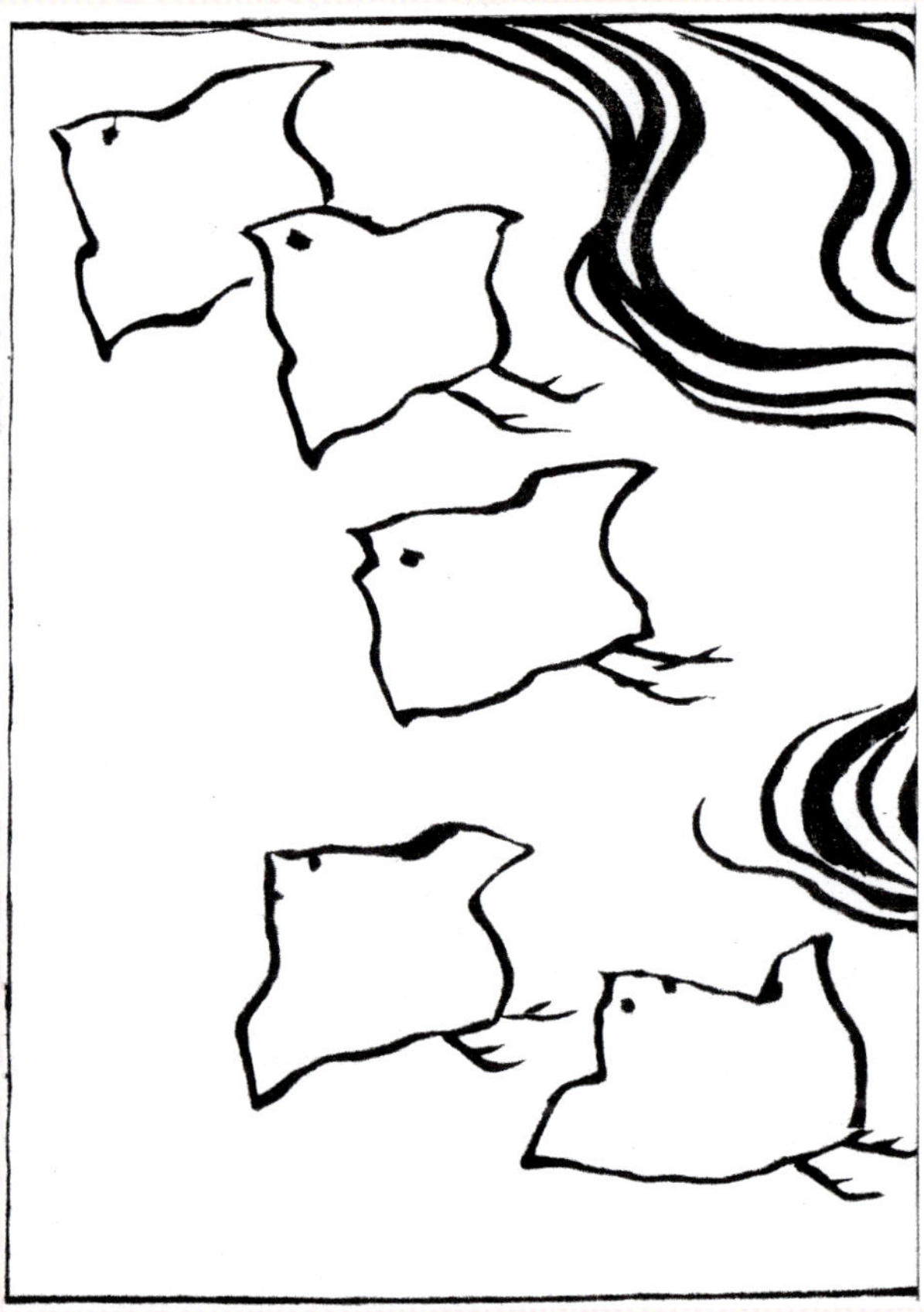

大岡春卜写画《おおおかしゅんぼく》　尾形光琳原画《おがたこうりん》
「和漢名筆画本手鑑《わかんめいひつえほんてかがみ》」
（享保五年・一七二〇年）

ので、着物や工芸品などに用いて愛され、大流行いたしました。

光琳模様《こうりんもよう》の代表的なものに、「千鳥《ちどり》」がございます、その光琳の描《えが》かれたもともとの千鳥の模様《もよう》が、光琳が亡くなられた四年後に、大岡春卜翁《おおおかしゅんぼくおう》がまとめられて出版された「和《わ》漢名筆画本手鑑《かんめいひつえほんてかがみ》」（享保《きょうほう》五年・一七二〇年刊）に、ご覧のような姿で描かれておりました。

春卜翁《しゅんぼく》は、二十二歳年上の光琳の絵を、残すべく写されたのでございましょう。また北《ほく》斎翁《さいおう》も「北斎漫画《ほくさいまんが》二編」に、「こうりんもの」と題して描《えが》かれておりますが、光琳がお亡くなりになってから、およそ百年後でございます。

さて、このお皿には、水を制御《せいぎょ》するための、石を詰めた「蛇籠《じゃかご》」と共に、光琳風の千鳥が描《えが》かれております。このような「光琳千鳥」は、三百年後の今も愛され、浴衣《ゆかた》などに描かれては、飛び交っております。「和《なご》みのある文化」は、時代を越えて、この先も生き続ける事でございましょう。

因《ちな》みに、京焼《きょうやき》の名工《めいこう》として有名な尾形乾山《おがたけんざん》は、光琳《こうりん》の弟御《おとうとご》でございます。

濤《たつなみ》に千鳥《ちどり》［波《なみ》の描《えが》き方《かた》］

伊万里焼《いまりやき》
江戸後期　九寸皿

それにしましても、この真《ま》っ二《ぷた》つに割れたお皿は、接《つ》いで直されており、今も使うことができます。本当に、二百年程経った今日まで、よく生き残ったものだと、深く感じ入っております。

と申しますのも、このお皿の絵を描《えが》いた絵師の方が、お手本を見ながら繰《く》り返し繰り返し、波などの描き方を復習《さら》って、この絵を自分のものにされていった、そんな姿が、目に浮かんでくるからでございます。

そのお手本の絵は、橘守国《たちばなもりくに》画伯《がはく》の「絵本《えほん》通宝志《つうほうし》」（享保《きょうほう》十四年・一七二九年刊）の中に「濤《たつなみ》」と題して載《の》っておりました。今は、「立浪」と書きますが、当時は、さほどの決まりもなく、文字や読み方にも、自由の幅があっ

橘《たちばな》　守国《もりくに》画「絵本通宝志《えほんつうほうし》」
（享保十四年・一七二九年）

たようで、それが本来の文化や文学の姿でございます。

立浪の魅力は、なんと言いましても、波《なみ》頭《がしら》が砕《くだ》け散《ち》るその瞬間の美《び》と、躍動感《やくどうかん》でございます。そして絵は、その一瞬を捉《とら》え、見事に静止しております。それは、絵師の書き直す事のできない、精魂《せいこん》を込めた筆致《ひっち》の妙でございます。

お皿の絵には、千鳥《ちどり》が描《えが》かれており、絵の中に生き物が居ると、不思議と温《ぬく》もりが生まれて参ります。また荒波を渡って行く千鳥の姿は、世の波を渡る人生と重なって参ります。そして、お皿の周《まわ》りは「青磁釉《せいじゆう》」がかけられ、美しい青緑色《せいりょくしょく》が、より深みのある味わいを醸《かも》し出しており、見ているだけで心が落ち着くのが、不思議です。

鶴《つる》の舞《まい》［求愛《きゅうあい》］

伊万里《いまり》　志田焼《しだやき》
江戸後期　一尺一寸皿

伊万里《いまり》　志田焼《しだやき》
江戸後期　一尺二寸皿

鶴の求愛《きゅうあい》の舞《まい》は、それはもう幽玄《ゆうげん》の美そのものです。羽を大きく広げ、足の動きはしなやかで、それでいて何ともリズミカルに舞《ま》うその姿は、誰の目をも奪う、自然が生んだ芸術でございます。

「若い鶴」は、「相手を求めて」舞い、「番《つがい》の鶴」は、「夫婦の絆《きずな》」を強くするために舞う。その時の歌声は、これまた実に調子の合ったもので、古くより賞《しょう》賛《さん》されて参りました。

しかもその音は、「鶴《つる》の一声《ひとこえ》」との言葉があるように、静寂《せいじゃく》の中に響き渡り、舞《まい》と同化《どうか》いたします。

「絵本初心柱立《えほんしょしんはしらだて》」
（正徳五年・一七一五年）

葛飾北斎《かつしかほくさい》画
「北斎漫画《ほくさいまんが》 二編」
（文化十二年・一八一五年）

ところで、鶴の「足が長い」のは、餌《えさ》を求めて水の中に入るためです。すると「首も長く」なければ餌《えさ》にまで届きません。そこで「首の形」は「パイプ状」になります。そして、その長い首のパイプが、鳴き声を増幅《ぞうふく》させ、遠くまで響《ひび》くのが「鶴《つる》の一声《ひとこえ》」です。これまた自然の妙味《みょうみ》でございます。

一枚目のお皿には、若い鶴の舞に、春を祝う新芽《しんめ》のついた若松《わかまつ》が添えられ、二枚目のお皿には、竹に番《つがい》の鶴が描《えが》かれ、めでたさも一入《ひとしお》です。

このように鶴の舞と共に、万年もの間、連綿《れんめん》と命をつないできた鶴の姿も、今や天地が汚《けが》され、ほんの少しの数となりました。そして今また、「天の道理（法則）の中で生きる」、その事を、第一義《だいいちぎ》（最上の価値）とする時のようでございます。

桃《もも》の花《はな》に繡《め》眼《じ》児《ろ》（目《め》白《じろ》）

伊万里《いまり》　志田焼《しだやき》
江戸後期　九寸皿

絵《え》手本《でほん》の画題の「繡眼児《しゅうがんじ》」は難読漢字《なんどくかんじ》で、訓読みでは、「繡眼児《めじろ》」（目白）と読む小鳥です。そして「繡《しゅう》」の字は「刺繡《ししゅう》」の「繡《しゅう》」で、訓《くん》読《よ》みでは「ぬいとり」と読まれます。そこで目白の目は、白いぬいとりがあるとして、「繡眼児《しゅうがんじ》」と言う訳です。

このお皿の絵の鳥は、姿からして目白と思われます。そして、目白の大好きな桃の木に止まっております。

「桃」は梅とは違い、花が咲くと、その「花のあるうちに葉」が出始めます。「梅」は、「花が散った後に葉」が芽吹《めぶ》きます。そこで、このお皿の絵の花木《はなき》は、花と共に新葉《しんば》が出ているので、桃と言う訳でございます。

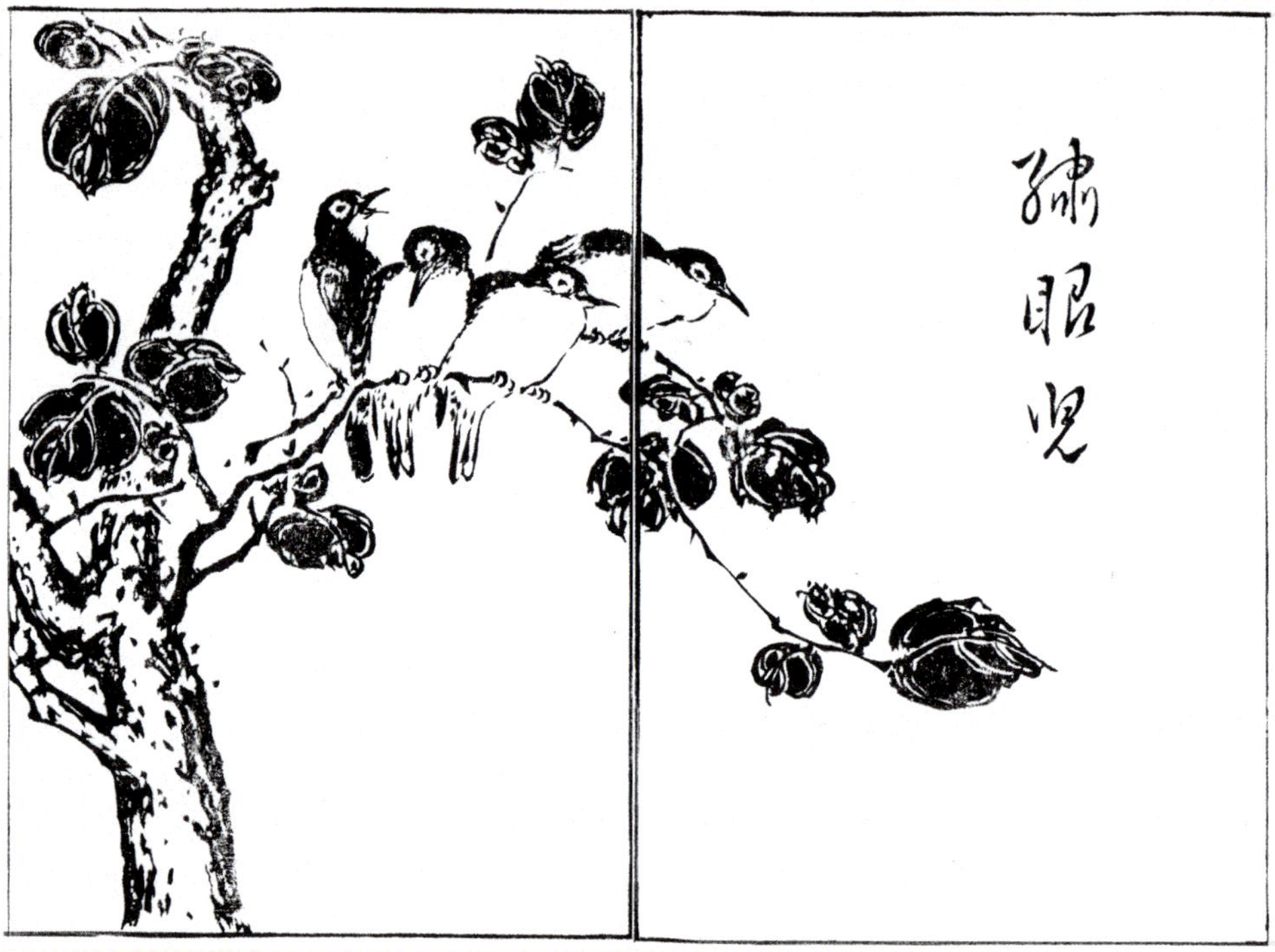

建部綾足画《たけべあやたり》「孟喬和漢雑画《もうきょうわかんざつが》」
（明和九年・一七七二年）

葛飾北斎画《かつしかほくさい》
「北斎漫画《ほくさいまんが》 二編」
（文化十二年・一八一五年）

目白は、「はなすい」と呼ぶ地方があるくらい、花の蜜《みつ》を好み、春には梅・桜・桃などの、花の蜜を求めて飛び回り、その蜜を吸う姿は、誠に上品でうっとりと致します。また、良い声で囀《さえず》るため古くから飼《か》われ、特にこのお皿の作られた江戸時代には、その囀《さえず》りを競い合う「鳴《な》き合《あ》わせ」が楽しまれた程、愛《め》でられた鳥でございます。

現在は保護のため、捕獲《ほかく》も飼育《しいく》も禁じられていますが、これはまた、身近《みぢか》にいる目白の数が増え、その姿を多く見せてくれる、「平安の営みの節理《せつり》」です。

それにしましても昨今《さっこん》は、「鳥の命をはぐくむ」椿《つばき》や梅、桃などを植える、そんな「慈《いつく》しみ」のある「伝統的な庭造り」も少なくなり、先人からの心の学びを、望むばかりでございます。

牡丹《ぼたん》に四十雀《しじゅうから》

伊万里焼《いまりやき》　蔵春亭三保造《ぞうしゅんていさんぽぞう》
江戸後期　一尺二寸皿

野鳥《やちょう》の事を少しご存じの方は、お皿に牡丹《ぼたん》と共に描《えが》かれている鳥が「四十雀《しじゅうから》」だと、すぐにお分りになった事でしょう。

江戸時代には、今のような図鑑《ずかん》が手元《てもと》にある訳でもなく、「名前は聞いて知っていても、その鳥がどのような姿なのか」、それを教えてくれる役目の一つが、「掛《か》け軸《じく》」や「絵皿」、そして「絵手本《えでほん》」だったのでございます。

花鳥画に描《えが》かれる鳥は、数多《あまた》の鳥から見れば、さほど多くはありません。描かれるのは、何かしら人の心を惹《ひ》きつける姿形《すがたかたち》や、色合い、声などを持っており、そして、時として出会《であ》う事の出来る鳥が主なようです。

四十雀《しじゅうから》の目立《めだ》つところは、丸い白い頬《ほお》で、

合川珉和《あいかわみんわ》編・尾形光琳《おがたこうりん》画
「光琳画式《こうりんがしき》」
(文化十五年・一八一八年)

気をつけていると神社やお寺などでよく見かけます。種類の多いカラ類の中では、知ってしまえば、遠くからでも見分けられる、端正《たんせい》な顔立《かおだ》ちの鳥でございます。

江戸時代、四十雀《しじゅうから》は、名前の良く知られた鳥だったようで、江戸後期の俳人《はいじん》で、北斎翁《ほくさいおう》より三歳年下の小林一茶《こばやしいっさ》は、次のような句を読んでおられます。

むずかしや　どれが四十雀《しじゅうから》　五十雀《ごじゅうから》

それでは、お皿の中の四十雀《しじゅうから》や、尾形光琳《おがたこうりん》の描《えが》かれた四十雀は、逃げて行かない静止画《せいしが》ですので、ゆっくりと探鳥《たんちょう》なさって下さいませ。

ところで「北斎漫画《ほくさいまんが》二編」にある(100ページをご覧ください)、目白《めじろ》の上の方で、群《む》れ飛ぶ小鳥達については、「群雀《むらすずめ》」や「カラ類の混合群《こんごうぐん》」として有名な、柄長《えなが》、日雀《ひがら》、小雀《こがら》などが思い浮かんで参ります。そして、その左の尾の長い鳥は、「山鵲《さんじゃく》」、そのまた左の鶴は「真名鶴《まなづる》」、続いて目白の下の方の大きな鳥は、「白鳥《はくちょう》」、目白の左に飛んでいるのは「雁《がん》」、その下には、「鴻《ひしくい》」が佇《たたず》んでおります。

鵞鳥《がちょう》［唐雁《とうがん》］

伊万里《いまり》　志田焼《しだやき》
江戸後期　尺皿

鵞鳥《がちょう》は、紀元前《きげんぜん》二〇〇〇年の頃から、雁《がん》を飼《か》いならした品種で、欧羅巴《ヨーロッパ》系と中国系の鵞鳥がおります。このお皿の鵞鳥は、上嘴《うわくちばし》の付け根に瘤《こぶ》があるので、中国系の鵞鳥と判断できます。

鵞鳥《がちょう》は古来、その美しさから愛玩用《あいがん》として飼われ、また羽毛《うもう》や肉も利用されてきたようです。江戸期の寛政《かんせい》元年（一七八九年）刊の「頭書増補訓蒙図彙《かしらがきぞうほきんもうずい》」には、「鵞は《とうがん》、蒼白《あをしろ》の二《ふた》色《いろ》あり。まなこ緑《みどりに》、嘴《はし》黄《き》に、脚紅《あしくれない》なり。よく闘《たたか》ふ。食《しょく》すれば五臓《ごぞう》の熱《ねつ》を解《げ》す」と書かれております。ここでの「鵞（とうがん）」とは、鵞鳥の異称《いしょう》の「唐雁《とうがん》」を表わしています。

そして、この本の絵に書かれている鳥の名前には、「鵞《が》」または「とうがん」と記《しる》され

葛飾北斎《かつしかほくさい》画「北斎漫画《ほくさいまんが》 十五編」
（明治十一年・一八七八年）

ており、この時代は、まだ鵞鳥《がちょう》と言わなかったようです。「鵞《が》」の語源《ごげん》は、鳴き声の「ガガ」からの擬声語《ぎせいご》とされております。その独特《どくとく》の声で危険《きけん》を知らせるため、番犬《ばんけん》がわりにもなったそうでございます。

下河辺拾水《しもこうべしゅうすい》画
「頭書増補訓蒙図彙《かしらがきぞうほきんもうずい》」
（寛政元年・一七八九年）

そして、その美しい姿は、このお皿に描《えが》かれている牡丹《ぼたん》などと共に、花鳥画《かちょうが》の一つとして愛《め》でられて参りました。

さて、「北斎漫画《ほくさいまんが》 十五編」（明治《めいじ》十一年・一八七八年刊）に、五羽の「鵞鳥《がちょう》」が描《えが》かれており、見張りをしている鳥は、お皿の鵞鳥とよく似ております。しかしお題は、なぜか「駝鳥《だてう》（だちょう）」。この絵は、もともと「北《ほく》斎画鏡《さいがきょう》」（文政《ぶんせい》元年・一八一八年刊）に描かれていた、お題の記《しる》されていない絵を、北斎翁の亡き後に転載《てんさい》したため、きちんと監修《かんしゅう》ができなかったようです。

こんな事は誰にでもあるもので、ささいな事に目《め》くじらを立てずに、「くすっ」と笑って済ますのが、「江戸の心」のようでございます。

川蟬《かわせみ》（鴗《りゅう》）［空飛《そらと》ぶ宝石《ほうせき》］

伊万里《いまり》　志田焼《しだやき》
江戸後期　七寸皿

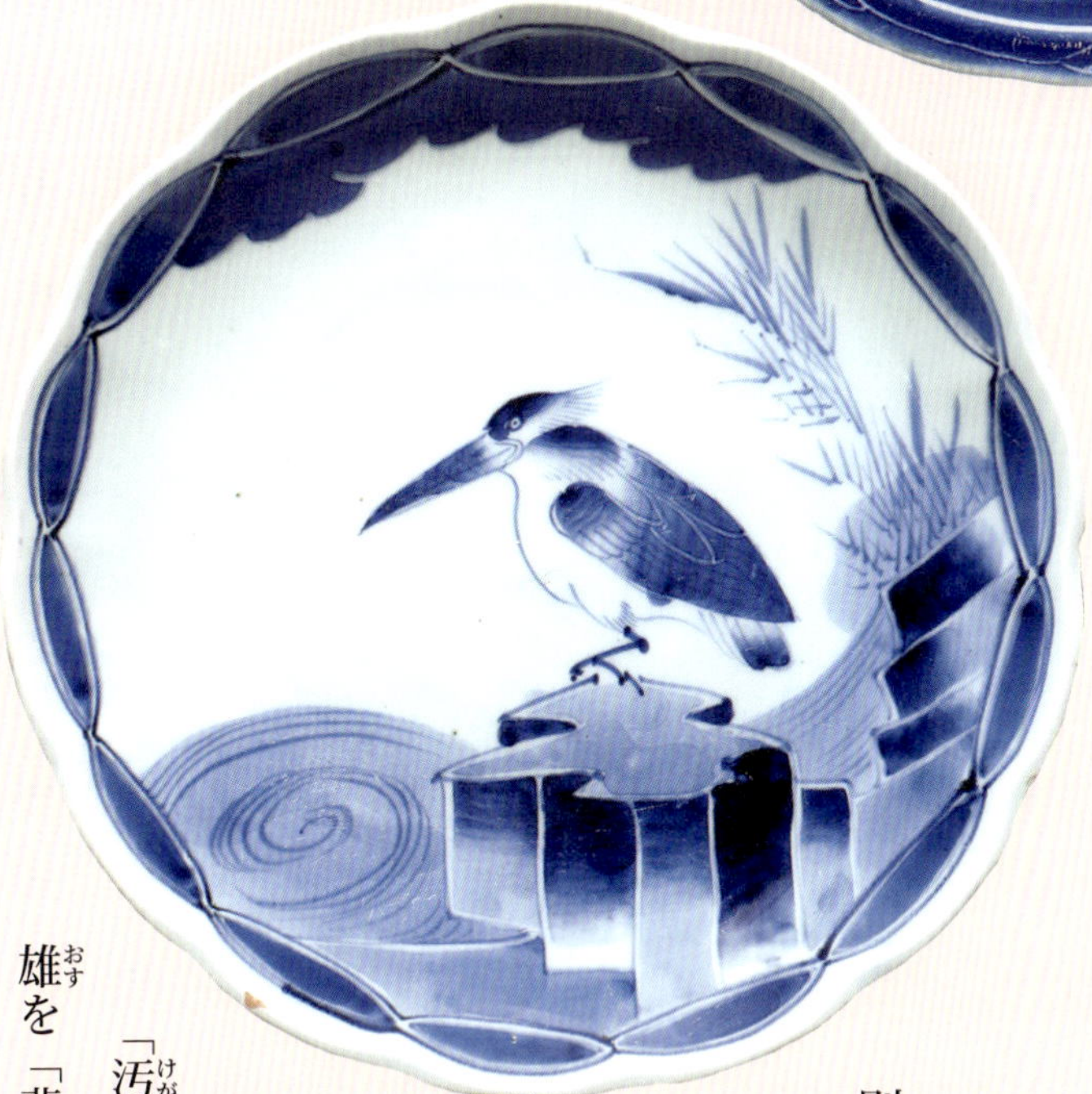

伊万里《いまり》　志田焼《しだやき》
江戸後期　九寸皿

江戸時代の絵手本《えでほん》に、描《えが》かれている「川《かわ》蟬《せみ》」には、姿形《すがたかたち》の違う数種のものが見られます。そして、名前はどれも、中国名の「鴗《りゅう》」の字が当てられ、「かわせみ」と読まれております。

川蟬《かわせみ》は、「空飛《そらと》ぶ宝石《ほうせき》」と称《しょう》され、別名「翡翠《ひすい》」とも呼ばれる美しい青《せい》緑色《りょくしょく》の小鳥です。宝石の「翡翠《ひすい》」は、この鳥の美しい羽の色に因《ちな》んで、名付けられました。

その「翡翠《ひすい》」の「翡《ひ》」の漢字の意《い》は、「はっとするほど、鮮《あざ》やかな色の羽」、そして「翠《すい》」の漢字の意は、「汚《けが》れのない緑の羽」でございます。また、雄《おす》を「翡《ひ》」、雌《めす》を「翠《すい》」と言い、その雄と雌

鍬形蕙斎画《くわがたけいさいが》「諸職画鑑《しょしょくえかがみ》」
（寛政七年・一七九五年序）

下河辺拾水画《しもこうべしゅうすい》
「頭書増補訓蒙図彙《かしらがきぞうほきんもうずい》」
（寛政元年・一七八九年）

の見分け方は、雌の嘴《くちばし》の下側が赤いとの事です。そして川蝉《かわせみ》は、その姿の美しさばかりでなく、狙《ねら》った魚を逃《のが》さぬため、「目標を必ず達成《たっせい》する吉鳥《きっちょう》」、として愛《め》でられて参りました。

また、日本で見られる川蝉《かわせみ》の仲間には、冠羽《かんう》を持つ「山翡翠《やませみ》」がおります。そこで、上のお皿の絵は川蝉で、下のお皿の鳥には頭に冠羽《かんう》があり、川蝉の一種の山翡翠でございます。

さて、北斎翁《ほくさいおう》より二十七歳年上の、円山応《まるやまおう》挙《きょ》の絵を集めた「円翁画譜《えんおうがふ》」（天保《てんぽう》八年・一八三七年刊）には、ご覧のように、その優美《ゆうび》さが美事《みごと》に描写《びょうしゃ》されております。それにしましても、「美しいもの」には、「邪気《じゃき》」が感じられません。

山口素絢《やまぐちそけん》編　円山応挙《まるやまおうきょ》画
「円翁画譜《えんおうがふ》」
（天保八年・一八三七年刊）

鷸《しぎ》［漁夫《ぎょふ》の利《り》］

伊万里《いまり》　志田焼《しだやき》
江戸後期　五寸皿

「百聞《ひゃくぶん》は一見《いっけん》に如《し》かず」と申しますが、このお皿を見た方は、まずは、描《えが》かれている絵が記憶に残る事でしょう。さて、よく知られている言葉の「漁夫《ぎょふ》の利《り》」は、もともと「鷸蚌《いっぼう》の争い、漁夫《ぎょふ》の利《り》となる」が原文《げんぶん》でございます。

この故事《こじ》は、中国の戦国時代の史書《ししょ》「戦国策《せんごくさく》」に由来《ゆらい》いたします。「趙《ちょう》」の国が、「燕《えん》」の国を攻めようとした時、「燕《えん》」の外交家《がいこうか》の「蘇代《そだい》」は、「趙《ちょう》」の「恵文王《けいぶんおう》」に会いに行かれました。そこで、「蘇代《そだい》」は和睦《わぼく》を願って、「恵文王」に次のような話を語りかけられました。

「水鳥の鷸《しぎ》が蚌《はまぐり》（蛤）を食べようとしたところ、蚌《はまぐり》に嘴《くちばし》を挟《はさ》まれてしまいました。鷸《しぎ》も蚌《はまぐり》も、両者あい譲らず争っていると、そこ

長谷川光信画《はせがわみつのぶ》
「鳥羽絵筆拍子《とばえふでびょうし》」
（享保九年・一七二四年）

へ、たまたま漁師《りょうし》がやって来て、両者を難《なん》なく捕《とら》えてしまいました」。

そして、この話のように、「今趙《ちょう》の国と燕《えん》の国が戦えば、強国《きょうこく》の秦《しん》が漁《ぎょ》夫《ふ》の利《り》を得《え》るだけでは」と説かれたところ、趙《ちょう》の「恵文王《けいぶんおう》」は、「もっともな話だ」と納得《なっとく》され、燕に攻《せ》め込む事を止められたとの事でございます。

さて、いかがでしょうか、江戸時代の絵の説得の力。さしずめ、お皿の絵の「鷸《しぎ》は趙《ちょう》」、「蚌《はまぐり》が燕《えん》」、そして、飛んで来ている「石」が、「強国の秦《しん》」というところでしょうか。

そして「漁夫《ぎょふ》の利《り》」の教えは、ゆめゆめ「横取りの得」ではなく、「和睦《わぼく》のすすめ」であると心得《こころえ》たいものでございます。

さて、長谷川光信《はせがわみつのぶ》が描《えが》かれた、「鳥羽絵筆《とばえふで》拍子《びょうし》」（享保《きょうほう》九年・一七二四年刊）に、絵と共に、次のような説明がされておりました。

「ハア　おもしろし　しぎ（鷸）はまぐり（蚌）のあらそひ（争）にて　ぐんはう（軍法）の　さとり（悟）を　ひら（開）いた」。

鶺鴒《せきれい》［嫁《とつ》ぎおしえ鳥］

伊万里《いまり》　志田焼《しだやき》
江戸後期　一尺一寸皿

雪解《ゆきど》けの頃、長い尾を上下に振りながら、小さな虫を啄《ついば》む**鶺鴒《せきれい》**。毎年のように春を運んで来てくれます。そして、一羽かなと思えば、必ず近くにもう一羽の番鳥《つがいどり》がおります。

この鳥には、異称《いしょう》がございます。その名も、「**嫁《とつ》ぎおしえ鳥**」。そもそもの謂《いわ》れは、「日本《にほん》書紀《しょき》」の神代《かみよ》の巻にある、「鶺鴒《せきれい》が、伊弉《いざ》諾《なぎの》尊《みこと》と伊弉《いざ》冉尊《なみのみこと》に、夫婦の交わりの道を教えた」と言うものでございます。辞書にも、「鶺鴒《せきれい》飛び来《きた》りて、その首尾《しゅび》を動かすを見て、交わることを得《え》たり」と記《しる》されております。

江戸時代の婚礼《こんれい》の式には、床《とこ》の間《ま》に置く「床飾《とこかざ》り」として、「鶺鴒台《せきれいだい》」を備《そな》えました。その形は色々あり、根固《ねがた》めに岩を置き鶺鴒を据《す》えて、寝所飾《しんじょかざ》りともいたしました。江戸後期に出版された「絵本《えほん》婚礼《こんれい》道《みち》しるべ」（文化《ぶんか》十年・一八一三年刊）に、その様子が描《えが》かれております。

堀田連山《ほったれんざん》画
「絵本《えほん》婚礼《こんれい》道《みち》しるべ」
（文化十年・一八一三年）

お皿の絵には、岩に名残《なごり》の雪の様子が描《えが》かれております。その景色も、そろそろ雪解けの頃と見え、春に南からやって来た鶺鴒の、恋の季節のようでございます。

江戸時代の婚礼《こんれい》は、自宅で行なわれ、その宴《うたげ》には、料理屋からの仕出《しだ》しが届けられます。このような、婚礼にふさわしいめでたい絵皿は、常日頃《つねひごろ》から料理屋の棚に、備《そな》えられていたのでありましょう。

葛飾北斎《かつしかほくさい》画「北斎画苑《ほくさいがえん》」
（天保十四年・一八四三年）
石の上で尾を上下に動かす姿から、鶺鴒の別称は「石叩《いしたた》き」とも

梅《うめ》に鶯《うぐいす》［春容《しゅんよう》］

伊万里焼《いまりやき》
江戸後期　七寸皿

「**梅《うめ》に鶯《うぐいす》**」の取り合わせは、良く知られております。手足がかじかむ冬の寒さから、梅の花が一輪一輪《いちりんいちりん》と咲き始めた時は、春の兆《きざ》しを感じ、心まで温《ぬく》もって参ります。

その春の先駆《さきが》けの梅に、独特《どくとく》な声で鳴き、「**春告鳥《はるつげどり》**」との異名《いみょう》を持つ鶯《うぐいす》が止まっている景色《けしき》は、絶妙《ぜつみょう》の花鳥の取り合わせとして古くより賞《め》でられて参りました。

早春に美しい声でさえずる鶯《うぐいす》は、夏は山の低木《ていぼく》に巣を作り、冬になると里に降りて参ります。そして春の陽気《ようき》を感じると、「チャッチャッチャッ」と「小鳴《ささな》き」をし始め、少し日が経つと、「ホーホホホ　ホケッキョ　ケキョ」との正調《せいちょう》を聞かせてくれます。この鳴き方は、枝から枝に飛び渡る姿と共に、「鶯《うぐいす》

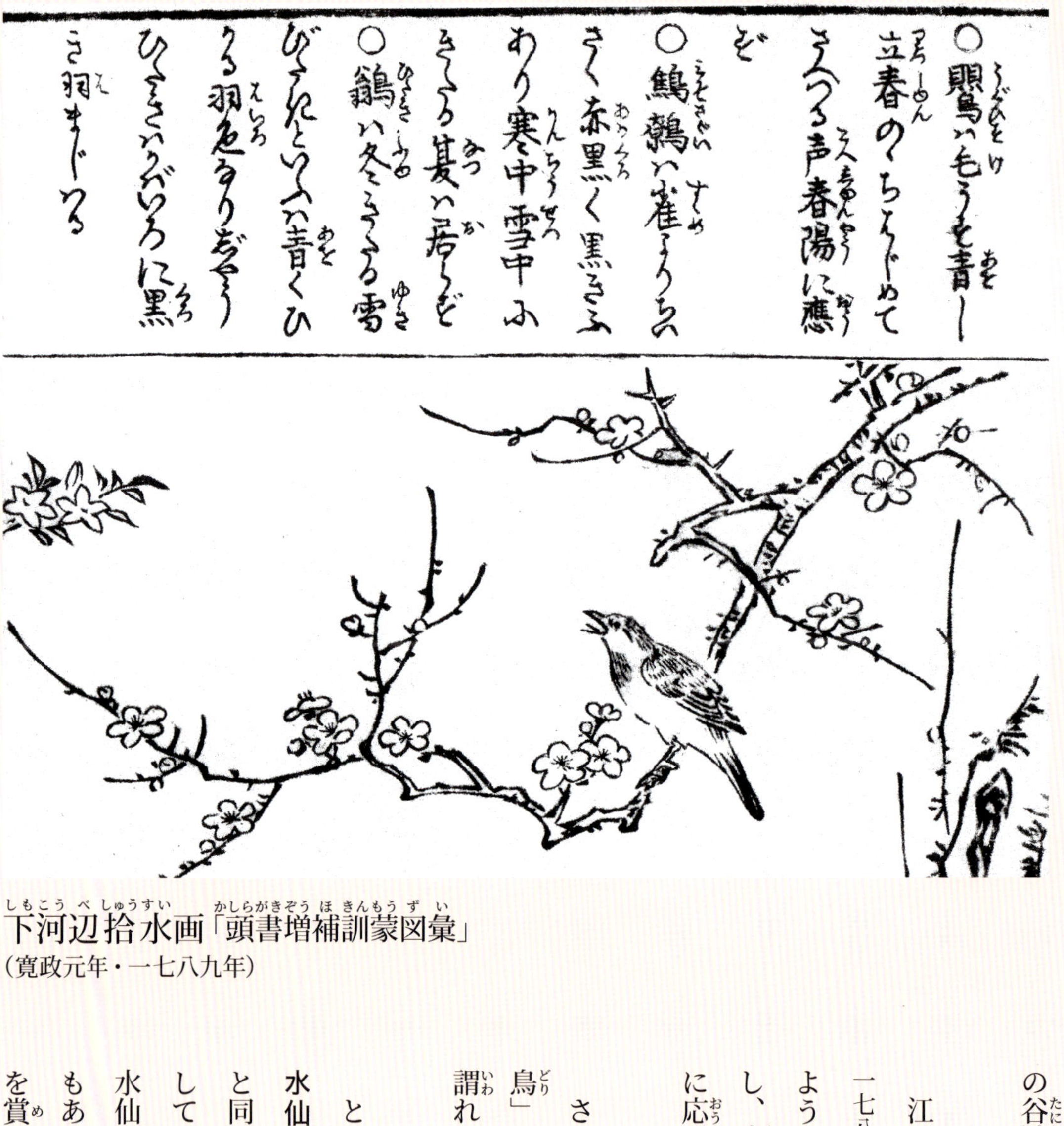

下河辺拾水《しもこうべしゅうすい》画「頭書増補訓蒙図彙《かしらがきぞうほきんもうずい》」
（寛政元年・一七八九年）

の谷渡《たにわた》り」とも言われております。

江戸中期の「頭書増補訓蒙図彙《かしらがきぞうほきんもうずい》」（寛政《かんせい》元年・一七八九年刊）に、梅に鶯《うぐいす》の絵の説明が、次のように記《しる》されておりました。「鸎《うぐひす》は毛《け》うす青《あを》し、立春《りっしゅん》ののち、はじめてさへづる声、春陽《しゅんやう》に応《おう》ず」。（「鸎」は、「鶯」の異字体）

さて、鶯《うぐいす》の別名には、「春告鳥《はるつげどり》」や「花見鳥《はなみどり》」などの他《ほか》に「経読鳥《きょうよみどり》」があり、その名の謂《いわ》れは、「法《ほう》ー、法華経《ほけきょう》」でございます。

ところで、このお皿の絵の植物は、「梅に水仙、竹」のようです。これは、「松竹梅《しょうちくばい》」と同じく、冬の寒さに耐える「歳寒三友《さいかんさんゆう》」として、賞《め》でられて参りました。しかしながら水仙は、赤い実をつける「万年青《おもと》」のようでもあります。まあ、どちらにしましても、春を賞《め》でる春容《しゅんよう》（春の景色）でございます。

梅《うめ》に鶯《うぐいす》［鶯宿梅《おうしゅくばい》］

伊万里《いまり》　志田焼《しだやき》
江戸後期　尺皿

「**梅に鶯**《うぐいす》」の絵を眺めていますと、かの有名な故事の「**鶯宿梅**《おうしゅくばい》」が思い出されます。江戸時代の方々も、子供らに、この「人の道たる物語」を、聞かせられた事でしょう。その物語とは、次のようなものです。

「平安時代の中頃、村上天皇《むらかみてんのう》が愛《め》でられていた、御所《ごしょ》の清涼殿《せいりょうでん》の梅《うめ》の木が、枯《か》れてしまいました。天皇は、なげき悲しみ、どこかに良い梅の木はないかと、探させました。そして使いの者が、西の京《にしのきょう》あたりを歩いていると、とある家の庭に、花は匂《にお》うばかり、今が盛《さか》りの梅の木がありました。使いの者は訳《わけ》を話し、その梅の木を献上《けんじょう》させたのですが、その時、持主《もちぬし》の女性は、歌を詠《よ》んで木に結びつけました。そこには、次のような歌が書かれていました。

橘 守国《たちばなもりくに》画
「絵本写宝袋《えほんしゃほうぶくろ》」
（享保五年・一七二〇年）

勅《ちょく》なれば　いともかしこし　うぐひすの
宿《やど》はと問《と》はば　いかがこたへむ

歌の意は、「天皇の命令となれば、おそれ多い事でございます。しかし、毎年やって来てこの梅の木に宿《やど》るうぐいすに、『我宿《わがやど》は如何《いかが》したか』と聞かれたら、私はなんと答えたらよいのでしょうか」。

この歌を読まれた天皇は、「それにしても美事《みごと》な歌、よほどの身分の女であろう」と調べられたところ、紀貫之《きのつらゆき》の娘の紀内侍《きのないし》でした。そして天皇は、自分の我がままを恥じて、もとの家の庭に梅の木を戻されたのでございます。

以来人々は、心を改《あらた》められた天皇の「人の道」を称《たた》え、この木を「鶯宿梅《おうしゅくばい》」と呼び慣《な》らわし、愛《いと》おしまれたのでございます。めでたしめでたし。

真《まこと》に政《まつりごと》は、それぞれの方の、「人間性」と「愛のある教養」いかんのようでございます。

椿《つばき》に黄鳥《こうちょう》（鶯《うぐいす》）

伊万里《いまり》　志田焼《しだやき》
江戸後期　一尺一寸皿

このお皿の絵には、椿《つばき》の花が咲き、何やら鶯《うぐいす》のような仕草《しぐさ》の小鳥が止まっております。椿《つばき》は春の季語《きご》で、主に二月から四月にかけて咲きます。そして、二月の季語の鳥と言えば「鶯《うぐいす》」でございます。

しかし、絵に描《えが》かれた、小禽《しょうきん》の名を判別《はんべつ》するのは難しく、動《やや》もすれば「何々だろう」など、確証《かくしょう》を得ずに済ましてしまいます。そこで、出来る限り鳥の絵だけではなく、文字《もじ》で鳥の名を示している絵手本《えでほん》を、見つける事にしております。

さて、宝暦《ほうれき》九年（一七五九年）に上梓《じょうし》された「和漢衆画苑《わかんしゅうがえん》」に、ご覧のような「椿黄鳥《つばきこうちょう》」と題した絵が載《の》っておりました。そして、絵の右下に江戸時代の所有者の覚書《おぼえがき》があり、「黄

西村重長画《にしむらしげなが》
「和漢衆画苑《わかんしゅうがえん》」
（宝暦九年・一七五九年）

紀朝臣敏著
「草木鳥獣諸職絵手本《そうもくちょうじゅうしょしょくえでほん》」
（文政元年・一八一八年）

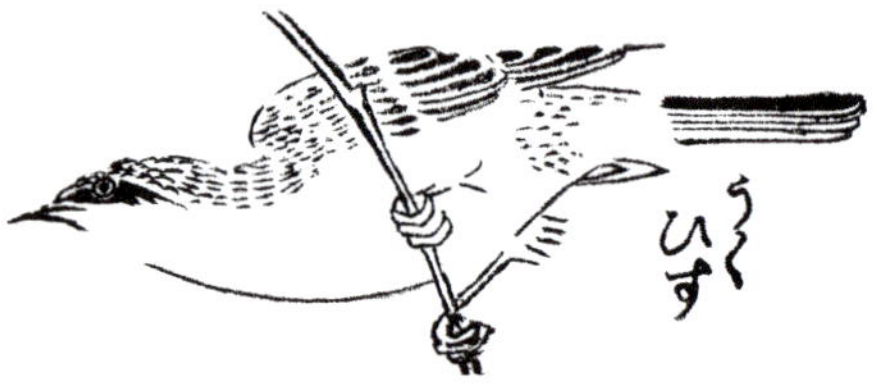

鳥とは、うぐひす也」と記《しる》してありました。

ただお皿の絵の鳥とは、仕草《しぐさ》が違うため、一抹《いちまつ》の不安が残っておりましたが、文政《ぶんせい》元年（一八一八年）刊の「草木鳥獣諸職絵手本《そうもくちょうじゅうしょしょくえでほん》」に、お皿の絵の鳥と、同じような姿の鳥が描《えが》かれており、そこに「うくひす」と名前が示されていたので、安堵《あんど》いたしました。

それにしましても、この絵にも見られるように、江戸時代の「めでる文化」には、平安の香《かお》りが漂っております。

柳《やなぎ》に杜鵑《ほととぎす》［山杜鵑《やまほととぎす》、初鰹《はつがつお》］

伊万里《いまり》　志田焼《しだやき》
江戸後期　一尺一寸皿

このお皿の絵は、構図《こうず》のバランスも美しく、流麗《りゅうれい》な筆遣《ふでづか》いで写実的《しゃじつてき》に描《えが》かれております。屋根を、茅《かや》や薄《すすき》などで葺《ふ》いた「葛屋《くずや》」には、明りとりの窓と、壁に斜《なな》めに入れた「筋交《すじかい》」が見えます。そして、暖《だん》を取り煮炊《にた》きをする囲炉裏《いろり》の、「煙だし」が屋根の端《はし》に描かれており、おとぎ話のような室内の様子が目に浮かんで参ります。

また、屋根の上には、棟押《むねお》さえとして、今も神社などで見られる、鰹節《かつおぶし》の形に似た「鰹木《かつおぎ》」が並び、棟《むね》を押さえて雨漏《あまも》りを防いでおります。

さて、お皿の絵には、柳のそばに何やら鳥が舞っております。柳と鳥の取り合わせと言えば、「柳《やなぎ》に燕《つばめ》」が良く知られておりますが、この鳥は、燕《つばめ》の特長である尾の先が、二つに分かれておりません。

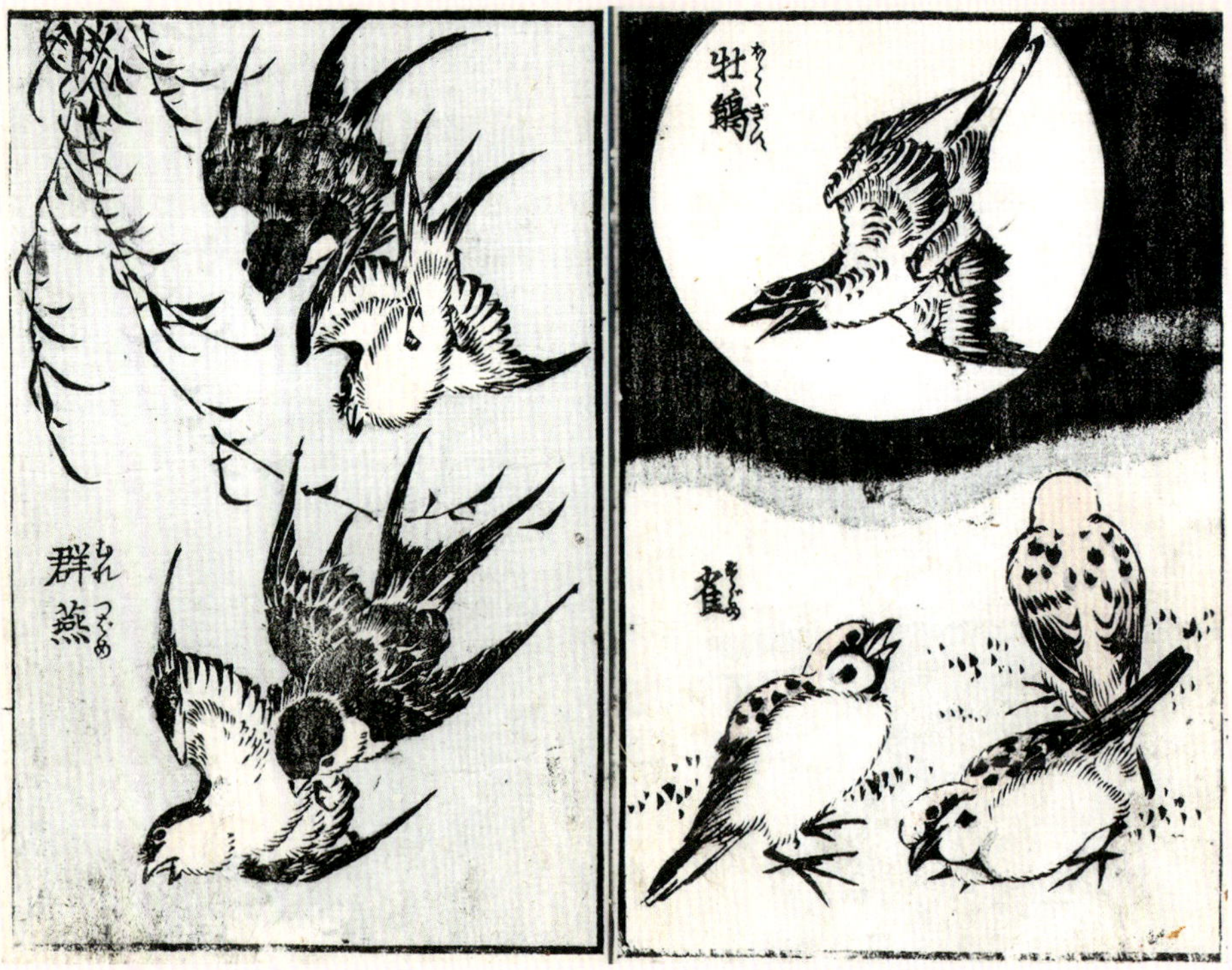

渓斎英泉画《けいさいえいせん》
「浮世風流諸職画譜《うきよふうりゅうしょしょくがふ》」
（天保八年・一八三七年）

しばらくして、江戸後期に渓斎英泉《けいさいえいせん》が出された「浮世風流諸職画譜《うきよふうりゅうしょしょくがふ》」（天保《てんぽう》八年・一八三七年刊）を見ていたところ、「杜鵑《ほととぎす》」と「燕《つばめ》」の絵が対比されるように載《の》っておりました。そこで、お皿の絵の鳥は、その飛鳥《ひちょう》の姿や尾羽《おばね》の形から「杜鵑《ほととぎす》」だと、安心して解《と》く事が出来ました。

そして、ふと思い付いたのが、江戸中期に芭蕉《ばしょう》と共に名声を馳《は》せた俳人《はいじん》、山口素堂《やまぐちそどう》が詠《よ》まれた、初夏《しょか》の風物詩《ふうぶつし》の一句《いっく》、「目には青葉《あおば》　山杜鵑《やまほととぎす》　初鰹《はつがつお》」です。

お皿の絵の、「柳は青葉、鳥が杜鵑《ほととぎす》」である事には納得なのですが、「鰹《かつお》」が屋根の上の「鰹木《かつおぎ》」に、掛《か》けられているのかどうかは、描《えが》いた絵師と観賞《かんしょう》する人の、胸の内でございます。

橘《たちばな》に鶸《ひわ》

伊万里《いまり》　志田焼《しだやき》
江戸後期　一尺一寸皿

お雛様《ひなさま》の飾《かざ》り付《つ》けは、京都御所《きょうとごしょ》の紫宸殿《ししんでん》の風景で、そこには、「左近《さこん》の桜《さくら》」と「右近《うこん》の橘《たちばな》」が出て参ります。紫宸殿《ししんでん》から天子様《てんしさま》が、南に向かってお庭を見られると（天子南面《てんしなんめん》）、左側にあるのが「左近の桜」、右側にあるのが「右近の橘」でございます。

さて、この絵皿の、橘《たちばな》に止まっている小鳥の名前は、本当に迷うところであります。と言うのも、絵に描《えが》かれる小鳥の名前は、「梅に鶯《うぐいす》」や「柳に燕《つばめ》」のような、取合わせのものは良しとしても、図録《ずろく》などでは、「〇〇に小禽《しょうきん》」と題される事が多々あり、判別《はんべつ》は難しくほとほとまいります（「花・七福神の巻」120ページも参照下さい）。

とは申しましても、姿かたちで、ある程度

「絵本初心柱立《えほんしょしんはしらだて》」
（正徳五年・一七一五年）
鶸《ひわ》　かたちすすめのことし　とくさいろなり

の絞り込みは出来、もう一つの推理の糸口は、季節でございます。ありがたい事に、この橘《たちばな》は実をつけております。柑橘類《かんきつるい》の実が色づくのは秋から、となればこの小鳥は、秋に愛《め》でられた鳥と言う事になります。

小禽《しょうきん》で、季語が秋のものを調べたところ、その数は少なく、姿かたちからして、「真鶸《まひわ》」

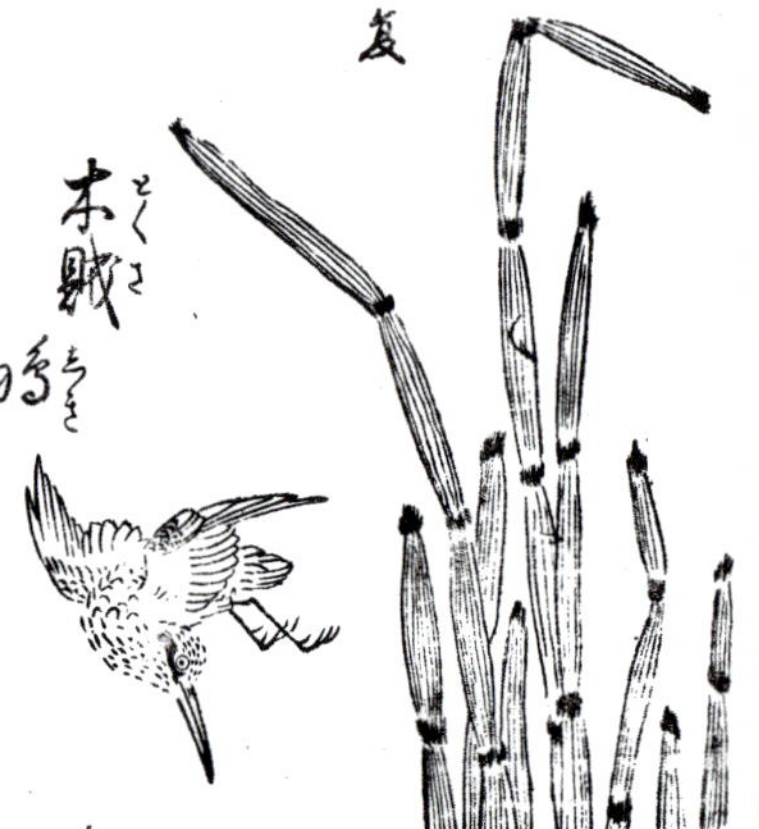

木賊《とくさ》に鴫《しぎ》
大岡道信《おおおかみちのぶ》画「押絵手鑑《おしえてかがみ》」
（元文元年・一七三六年）

が浮かび上りました。そして、また橘の季語も、実をつけた「秋」でございました。

物の本によりますと、真鶸《まひわ》は冬を越《こ》すために、北方から秋に日本に渡って来て、小さな木の実や草の種を啄《ついば》み過ごすそうです。

昔から、愛玩《あいがん》されて飼《か》われて来ましたが、飼育《しいく》をすると、すぐに落ちる（死ぬ）ため、弱い鳥として「鶸《ひわ》」と言う国字《こくじ》が当てられたとの事です。

さて、江戸中期に出版された、「絵本初心《えほんしょしん》柱立《はしらだて》」（正徳《しょうとく》五年・一七一五年刊）に、実をつけた南天《なんてん》に止まっている、可愛い鶸《ひわ》が描《えが》かれており、その説明には、「かたちすずめのごとし、とくさいろ（木賊）なり」と記《しる》されておりました。

※注　木賊色《とくさ》＝木賊（砥草《とくさ》）の色のような黒味の緑色。

鷦鷯《みそさざい》［巣林一枝《そうりんいっし》］

伊万里《いまり》　志田焼《しだやき》
江戸後期　七寸皿

この絵皿の、尾羽《おばね》を立てて籬《まがき》に止まっている鳥は、日本の小鳥の中でも最も小さい鳥とされている「菊戴《きくいただき》」と共に、「鷦鷯《みそさざい》」で、冬には餌《えさ》を求めて、人里近くに現われます。

そして山に帰る春からは、「チリリリ」、「チャッチャッ」などと、鶯《うぐいす》とは一味違いますが、美しい音色《ねいろ》を聞かせてくれます。また短い尾を上下させ、体を小刻《こきざみ》に震わす姿は、それは健気《けなげ》で、古《いにしえ》より愛《め》でられて参りました。

そしてこの鳥は、大木の根元などに苔《こけ》や獣《じゅう》毛《もう》で見事《みごと》な巣を作るため、「巧鳥《たくみどり》」の異名《いみょう》を持っております。

さて四字熟語《よじじゅくご》に、「巣林一枝《そうりんいっし》」がありますが、この「巣林《そうりん》」とは、「林の中に巣を作る」

「絵本初心柱立《えほんしょしんはしらだて》」
（正徳五年・一七一五年）

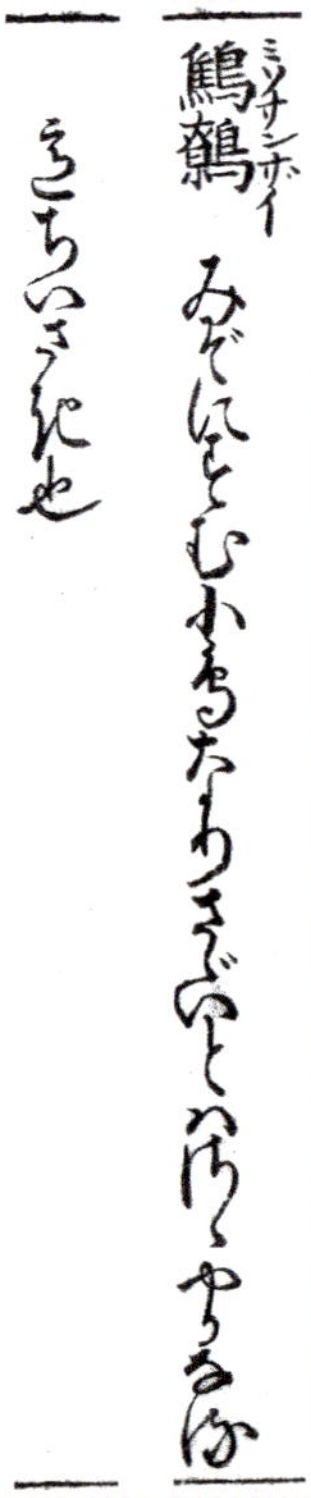
鷦鷯《ミソサンザイ》　みぞにすむ小鳥なりさゞいとはさゝやかなる意ちいさき也

貝原益軒《かいばらえきけん》著
「日本釈名《にほんしゃくみょう》」
（元禄十二年・一六九九年）

事です。そしてこの「巣林一枝《そうりんいっし》」の意は、「鳥は林の中に巣を作っても、たった一本の枝に、巣を掛けるに過ぎない。人もまた、ささやかな住まいに満足して、暮らすのが幸いである」、でございます。

この語句の出典《しゅってん》は、紀元前、中国戦国時代の荘子《そうし》の詩、「鷦鷯《しょうりょう》、深林《しんりん》に巣くうとも、一枝に過ぎず」で、その鳥の名は「鷦鷯《みそさざい》」だったのでございます。

さて、「みそさざい」の漢字には、漢名の「鷦鷯《しょうりょう》」が当てられたのですが、その日本名の「みそさざいの語源」が、貝原益軒《かいばらえきけん》が著《あら》わされた「日本釈名《にほんしゃくみょう》」（元禄《げんろく》十二年・一六九九年成立）に、次のように記《しる》されておりました。

「鷦鷯《ミソサンザイ》　みぞにすむ小鳥なり　さざいとはさゝやかなる意　ちいさき也」

沙羅樹《しゃらのき》に碧鳥《へきちょう》

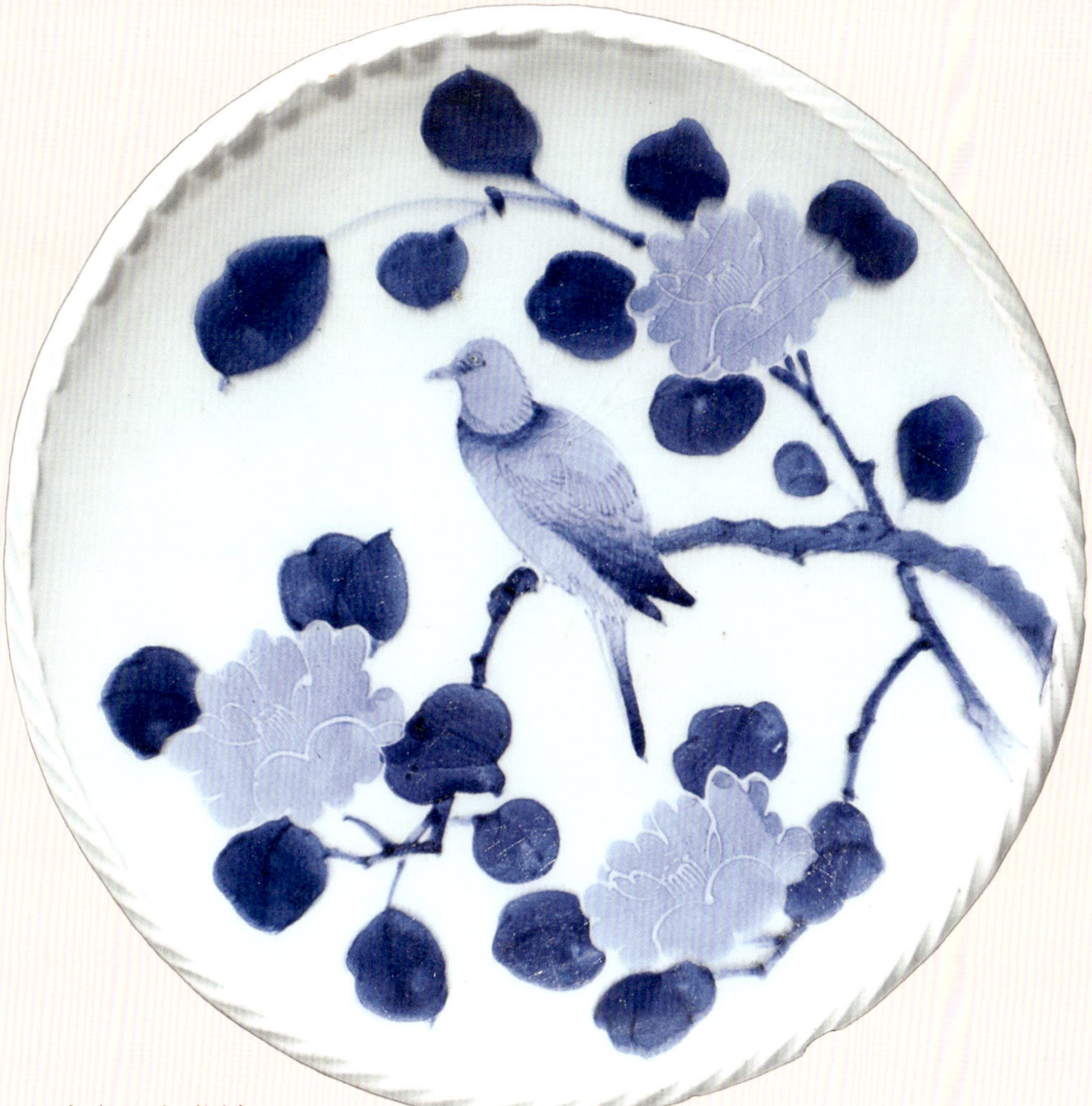

伊万里《いまり》　志田焼《しだやき》
江戸後期　尺皿

このお皿に描《えが》かれている鳥の名は、答を出せずにおりました。ところが、江戸中期に西《にし》村重長《むらしげなが》が描《えが》かれた、「和漢衆画苑《わかんしゅうがえん》」（宝暦《ほうれき》九年・一七五九年刊）に、頭と顔の白い、そっくりな鳥が載《の》っており、その名は、「碧鳥《へきちょう》」と記《しる》されておりました。

そこで、碧鳥《へきちょう》を調べてみると、マレー半島などに住んでいる鳥のようでございます。しかし、似ているからと言って、確かな裏付《うらづ》けもなしに判《はん》ずる訳には参りません。

それから幾年《いくねん》かが過ぎ、これまた江戸中期の、「画図百花鳥《がずひゃっかちょう》」（享保《きょうほう》十四年・一七二九年刊148ページ）の中に狩野探幽《かのうたんゆう》の原画を写《うつ》した絵があり、漢詩《かんし》と共に、「碧鳥《へきちょう》」が載《の》っているのに、目が止まりました。

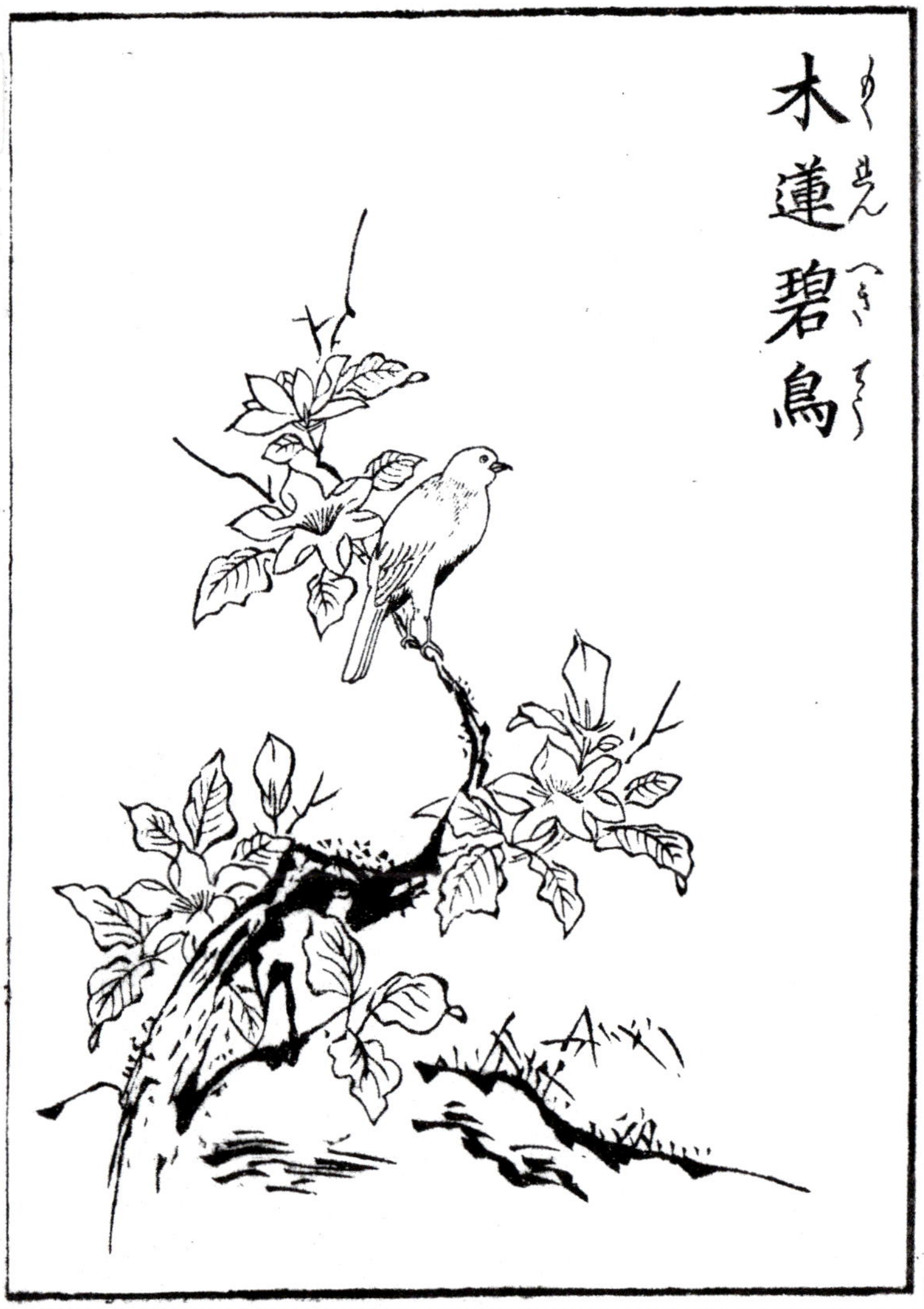

西村重長《にしむらしげなが》画「和漢衆画苑《わかんしゅうがえん》」
（宝暦九年・一七五九年）

そして、その漢詩の詩意《しい》は、「画工《がこう》が上手に描《えが》いた沙羅樹《しゃらのき》に、碧鳥《へきちょう》が止まっている。しかし、飛ぼうとはしない。鳥は、お釈迦様《しゃかさま》が亡くなった事を聞いて、やって来たのだが、その悲しみに堪《た》え、嘴《くちばし》を噤《つぐ》んで鳴こうとはしない」でございます。

また、本に描《えが》かれている「沙羅樹《しゃらのき》」をよくよく見ますと、それは日本で、「さらのき」や「しゃらのき」と呼ばれている、「夏椿《なつつばき》」のようでございます。

本来の沙羅樹《さらじゅ》は、インド原産の高木《こうぼく》で、お釈迦様が入滅《にゅうめつ》された時、四方《しほう》に二本ずつあったため、「沙羅双樹《さらそうじゅ》」の名で知られております。しかし、寒さに弱く、日本で育てるのは、難しいようでございます。

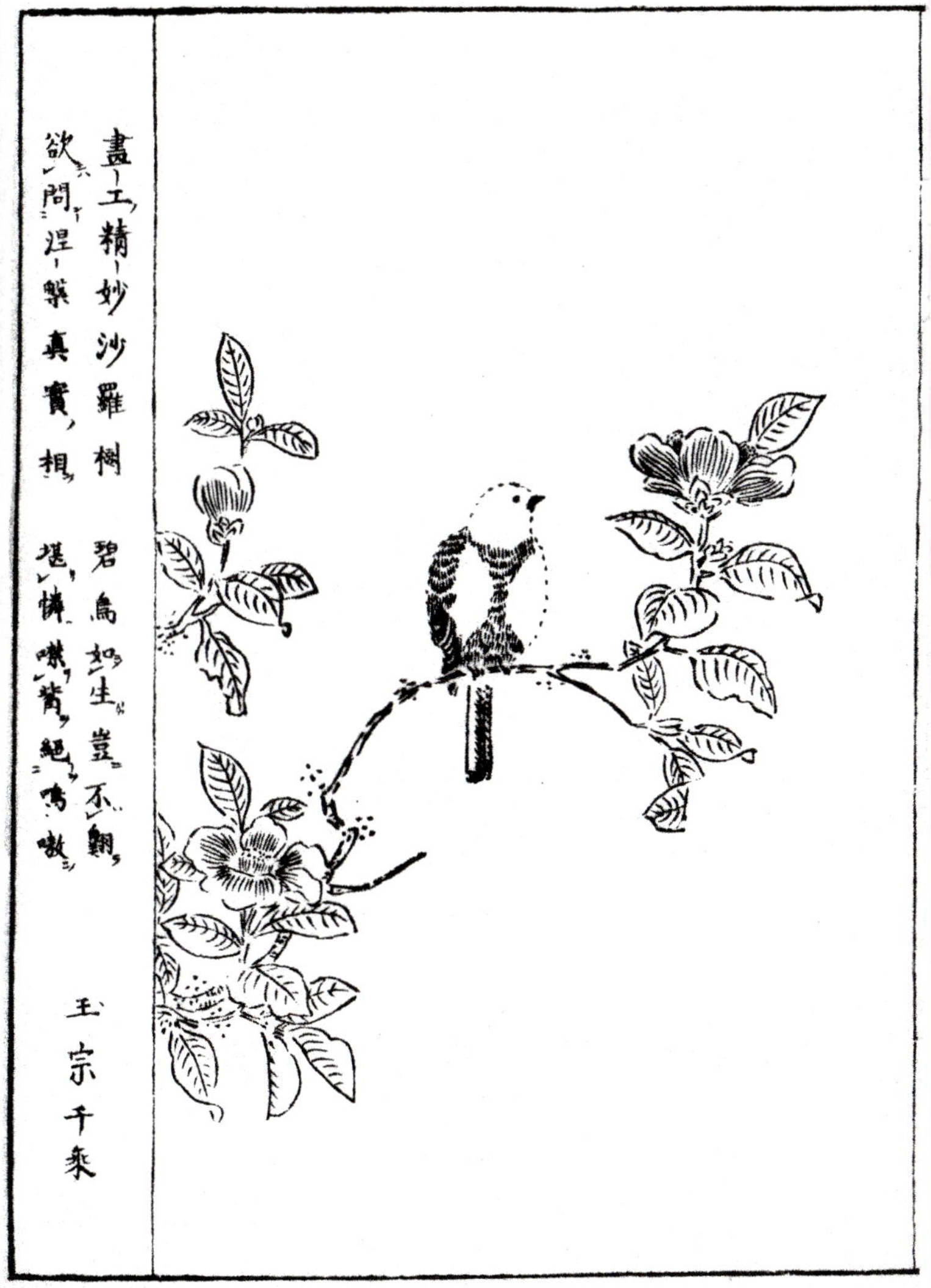

石中子《せきちゅうし》写画　狩野探幽《かのうたんゆう》原画
「画図百花鳥《がずひゃっかちょう》」
（享保十四年・一七二九年）

そこで日本の各地のお寺では、この木の代わりに、お釈迦《しゃか》様入滅《にゅうめつ》ゆかりの木として「夏椿《なつつばき》」を植え、それを「沙羅樹《しゃらのき》」、または単に「さら」や「しゃら」と呼び、愛《め》でられているのでございます。「夏椿」は、寒さに強く、北海道の我が庭でも、夏になると椿に似た、可憐《かれん》な白い花を咲かせてくれます。

これでお皿の絵は、「沙羅樹《しゃらのき》に碧鳥《へきちょう》」だと解《と》けたのですが、ただこのお皿は、少し焼きが甘く割れやすいため、大事にして後世に受け継《つ》がれればと願っております。

さて、お近くのお寺の庭などで、夏椿をご覧になられた時は、「碧鳥の物語」を、周りの方々に、それとなくお伝え下さいませ。

梅《うめ》に鵲《かささぎ》［喜《き》報《ほう》春《しゅん》先《せん》］

伊万里《いまり》　志田焼《しだやき》
江戸後期　尺皿

野鳥の姿は美しく、初めて出会った鳥は、その名を知りたくて、必ず図鑑で調べるのが常でございました。三十歳を過ぎた頃から山暮らしを始めたため、熊啄木鳥《くまげら》など、新たな出会いが多くなり、おおよその鳥は見分けられるようになりました。

ところが、お皿の絵に描《えが》かれた鳥を見分けるのは、なかなか骨が折れるものでございます。江戸時代の絵手本《えでほん》と見比べても、その姿《すがた》形《かたち》だけで答えを出せない鳥が、間々《まま》おります。その上、絵手本や文献《ぶんけん》が確かとは限りません。何事《なにごと》も、第一の落とし穴は「咀嚼《そしゃく》をせず、鵜《う》呑《の》みにする」事だと、先輩から教わって参りました。

さて、「梅に鶯《うぐいす》」は、春の画題でよく知られておりますが、このお皿の鳥は、尾の形からして鶯《うぐいす》とは思えません。そこで、「梅に鳥」を手掛かりにぼつぼつ調べていたところ、「吉祥図《きっしょうず》案解題《あんかいだい》」（昭和《しょうわ》十五年・一九四〇年刊）に、似た絵が載《の》っており、画題は「**喜報春先**《きほうしゅんせん》」とありました。

そして、**梅の木**に止まっている鳥の名は、「**鵲**《かささぎ》」と言い、「喜《き》報《ほう》（うれしい知らせ）を運んでくれる鳥」として、中国では「**喜**《き》**鵲**《じゃく》」とも呼ぶそうです。

鵲《かささぎ》は、日本では佐賀平野《さがへいや》のあたりで生息《せいそく》しているそうで、大正十二年（一九二三年）に天然記念物に指定され、現在、佐賀県の県鳥でもあります。

伊万里焼《いまりやき》は、肥前《ひぜん》の国（佐賀県）で焼かれました。このお皿の絵を描《えが》いた絵師は、鵲《かささぎ》を実際に見る事が出来る、そんなところに住んで居《お》られたのでございます。

正徳《しょうとく》二年（一七一二年）に出版された「和《わ》漢三才図会《かんさんさいずえ》」には、「霊《れい》を持っていて、喜びごとがあると知らせる。それで喜鵲《きじゃく》と言う」と述べられておりました。お皿の絵も、梅の咲く春先《はるさき》に、喜鵲《きじゃく》がやって来ております。

北斎翁《ほくさいおう》もまた、「北斎漫画《ほくさいまんが》三編」に、「鵲《かささぎ》」と名を記《しる》し、描《えが》かれております。

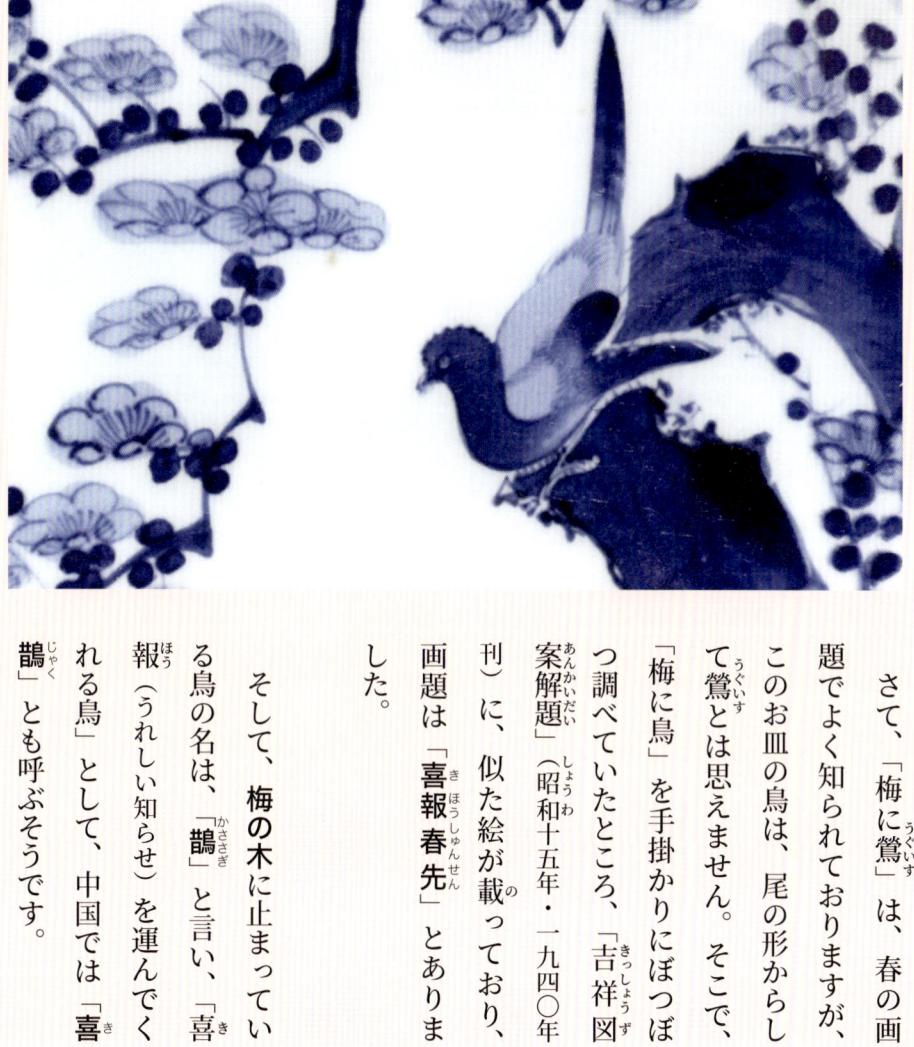

「吉祥《きっしょう》図案《ずあん》解題《かいだい》」
（昭和十五年・一九四〇年）

葛飾《かつしか》北斎《ほくさい》画
「北斎漫画《ほくさいまんが》 三編」
（文化十二年・一八一五年）

椿《つばき》に鵯《ひよどり》 ［花《はな》の蜜《みつ》］

伊万里《いまり》 志田焼《しだやき》
江戸後期 尺皿

野鳥《やちょう》に興味のある方が、このお皿の絵をご覧になれば、鳥の名は、鵯《ひよどり》だとお答えになる事でしょう。椿《つばき》の花には、「甘《あま》い蜜《みつ》」を求めて、小鳥がやって参ります。その代表的な鳥が、目白《めじろ》、そしてこの鵯《ひよどり》でございます。

椿や梅、それに桃や茶などの花は、小鳥が受粉《じゅふん》を助けてくれる「鳥媒花《ちょうばいか》」で、その花の「蜜を吸う小鳥の姿」と、その景色は、まさに花鳥《かちょう》の真髄《しんずい》であります。

しかしながら、お皿の鵯《ひよどり》は、何やら不安定な姿勢《しせい》をしております。これは、鵯が蜜を吸う時に見せる、一つの姿のようです。桜の花の蜜を吸っている時にも、良く見られますので、春に探鳥《たんちょう》されてはと存じます。お皿に描《えが》かれた、巧妙《こうみょう》な椿の花と共に、絵師は、あり

橘《たちばな》守国《もりくに》画「運筆麁画《うんぴつそが》」
（寛延二年・一七四九年）

山口素絢《やまぐちそけん》編　円山応挙《まるやまおうきょ》画
「円翁画譜《えんおうがふ》」
（天保八年・一八三七年）

のままの健気《けなげ》な鳥を写生し、春の訪れを賞《め》でられたのでしょう。

橘守国《たちばなもりくに》画伯の絵手本の、「運筆麁画《うんぴつそが》」（寛《かん》延《えん》二年・一七四九年刊）に、同じような姿の鵯《ひよどり》が描《えが》かれており、こちらは梅の蜜を吸いに来ております。鳥にとって「花の蜜」は、甘い蜜のみならず、命を育《はぐく》む源泉《げんせん》のようでございます。

さて、円山応挙《まるやまおうきょ》の絵を集めた「円翁画譜《えんおうがふ》」（天保《てんぽう》八年・一八三七年刊）に、秋の実を啄《ついば》みに来た鵯《ひよどり》が描《えが》かれております。そして、その実は、木ではなく「蔓《つる》の実」のようです。そこで葉の形や、円翁《えんおう》のお心を慮《おもんばか》りつつ推理をし、多年草の「鵯上戸《ひよどりじょうご》」の実と解《と》かせて頂きました。鵯が群《むら》がり、その実を啄《ついば》む様子が、まるで酒飲みの姿の如《ごと》しとして、名付けられたとの事です。

このように小鳥達は、「春の蜜」と「秋の実」などで春秋《しゅんじゅう》を過ごし、天然の美の潤《うるお》いを、もたらしてくれます。思うに「人は人のみにして生《い》くるにあらず、花鳥風月の中に人あり」でございます。

鳩《はと》

［七十二候《しちじゅうにこう》 鷹化為レ鳩《たかけしてはととなる》］

一年を「二十四等分」にして季節を示した「二十四節気《にじゅうしせっき》」は、「立春《りっしゅん》」や「夏至《げし》」、「立秋《りっしゅう》」、「冬至《とうじ》」など、馴染《なじみ》のあるものも多く、およそ「十五日ごと」に次の気節へと移り変わって参ります。

その二十四節気《にじゅうしせっき》を、さらに細かく、およそ「五日ごと」に分け、一年を「七十二等分」にしたものを「七十二候《しちじゅうにこう》」と呼び、江戸時代には、良く知られていたようで、「天候《てんこう》」の候《こう》は七十二候の「候」でございます。

さて、旧暦の二月前半にあたる二十四節気は「啓蟄《けいちつ》」です。

小田切春江画《おだぎりしゅんこう》
「随一大雑書古今大成《ずいいちおおざっしょここんたいせい》」
（天保九年・一八三八年）

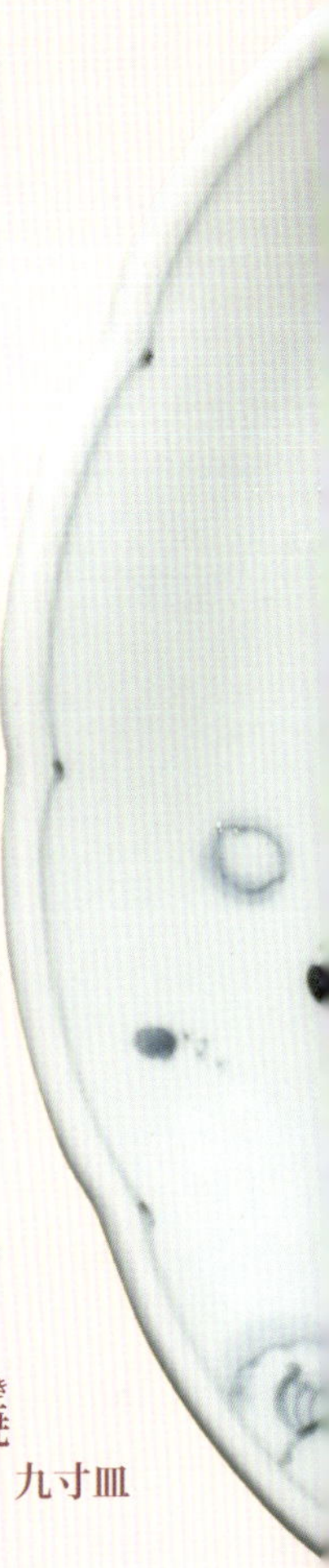

伊万里焼《いまりやき》
江戸後期　九寸皿

そして、七十二候には、「桃始華《ももはじめてさく》」、「倉庚鳴《そうこうなく》」、「鷹化為鳩《たかけしてはととなる》」があり、その意は、「桃の花が咲き」、「山里で鶯《うぐいす》が鳴き」、「その暖かさから鷹もまるで穏やかな鳩のようになる」でございます。

江戸後期に出版された、「随一大雑書古今《ずいいちおおざっしょここん》大成《たいせい》」（天保《てんぽう》九年・一八三八年刊）に、花の咲いた桃の木に止まる鳩の絵と共に、「鷹化為《たかけしてはとと》鳩《なる》」との文字が記《しる》されておりました。やはり鷹も、穏やかでいられるのが、幸せなのでございましょう。

お皿の絵には、庚申薔薇《こうしんばら》とおぼしきものと、春を表わす垂《しだ》れ柳《やなぎ》が描《えが》かれており、中春《ちゅうしゅん》の頃の風情《ふぜい》が伝わって参ります。

梅《うめ》に鳩《はと》［鳩《やす》んずる］

伊万里焼《いまりやき》
江戸後期　尺皿

「梅《うめ》に鳩《はと》」は、古くから描《えが》かれてきたようで、江戸中期に吉村周山《よしむらしゅうざん》が編纂《へんさん》された「和《わ》漢名筆画宝《かんめいひつがほう》」（明和《めいわ》四年・一七六七年序）には、「狩野探幽《かのうたんゆう》」の絵が載《の》っておりました。

今も鳩が路傍《ろぼう》や庭に集まり、のんびりと草の種などを啄《ついば》む姿は、なんとも穏《おだ》やかで、平和な風情《ふぜい》が漂《ただ》よって参ります。

古　人《いにしえびと》はその鳩を、**平安**の象徴《しょうちょう》として愛《め》でられて参りました。中国の、古い書物の「禽《きん》經《けい》」には、「鳩《はと》は拙《せつ》なれども平安《へいあん》」とあり、鳩はやすらかな鳥とされてきたのでございます。

さて、「鳩」の字を辞書で引きますと、訓《くん》読《よ》みには、「はと」、「あつめる」、「やすんずる」があり、それらを漢字で書くと「鳩《はと》」、「鳩《あつ》め

大岡春卜《おおおかしゅんぼく》写画
北宋《ほくそう》八代皇帝・徽宗《きそう》原画
「和漢名画苑《わかんめいがえん》」（寛延三年・一七五〇年）

吉村周山《よしむらしゅうざん》写画
狩野探幽《かのうたんゆう》原画
「和漢名筆画宝《わかんめいひつがほう》」（明和四年・一七六七年序）

る（集める）」、「鳩《やす》んずる（安んずる）」となります。

そんな訳で、鳩は絵画や器物《きぶつ》に描《えが》かれ、人々の心に安らぎを与えてくれたのです。お皿の絵の鳩は、梅の花の咲く、まだ寒い早春に、羽をふくらませて体を温め、鳩《やす》んじて（安心して）いるようでございます。

ところで、天然の呉須《ごす》（絵具）を使い、藍《あい》色《いろ》の濃淡《のうたん》のみで描《えが》かれた絵皿は、染付《そめつ》けと呼ばれております。その濃淡の妙技《みょうぎ》の美しさは、鳥の姿と共に、心を落ち着かせ和らげてくれる、妙薬《みょうやく》でございます。

詩ひとつ　梅《うめ》に鳩《はと》

あまりの　寒さに　温もりを
のがさぬよう　鳩はふくらむ
そんな中　梅もふくらむ

通夫

桃《もも》に鳩《はと》［鳩献蟠桃《きゅうけんはんとう》（平和長寿《へいわちょうじゅ》）］

伊万里《いまり》　志田焼《しだやき》
江戸後期　尺皿

このお皿のように、「**鳩**《はと》**と桃**《もも》**の実**《み》」が描《えが》かれた絵の画題は、「**鳩献蟠桃**《きゅうけんはんとう》」とされております。そして、戦前に出版された「東洋畫題《とうようがだい》綜覧《そうらん》」には、「桃の老樹《ろうじゅ》に鳩を配して画《か》く、同じく吉祥《きっしょう》の画題、即ち『鳩は**礼節**《れいせつ》の鳥』であり、『**桃は仙果**《せんか》』であり、延命《えんめい》の果実である。南画家《なんがか》の好んで画《か》くところ」、と記《しる》されております。

蟠桃《はんとう》とは、中国の仙女《せんにょ》である、西王母《せいおうぼ》の住む瑶池《ようち》に植えてある桃の木で、「西遊記《さいゆうき》」では、孫悟空《そんごくう》が食べたことでも有名です。この木は、なんと三千年に一度実を結び、これを食べると不老長寿《ふろうちょうじゅ》になると言う、伝説の桃です。そこで、この蟠桃《はんとう》の意《こころ》は、**長寿**と解《と》く事ができます。

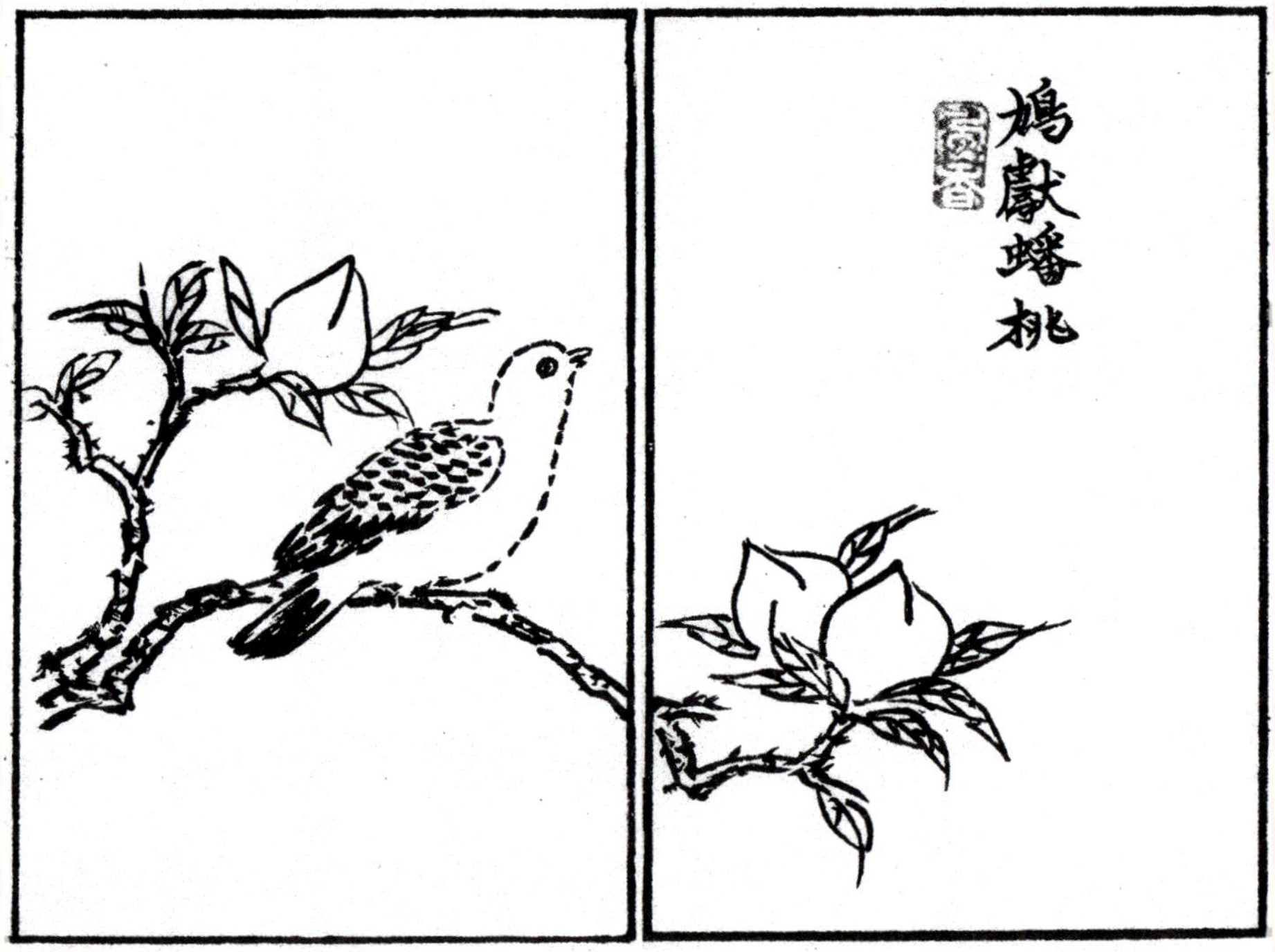

佐野元恭《さのげんきょう》編
「文林画譜《ぶんりんがふ》」
（明治十三年・一八八〇年）

さて、鳩はと申しますと、西洋では、穏やかな**平和**のシンボルとされていますが、東洋でも、仲《ちゅう》春《しゅん》のうららかな季候の事を、「鷹化《たかか》して鳩《はと》となる」と呼び、七十二候《しちじゅうにこう》（一年を七十二に分けた時候《じこう》）の一つにされております（154ページ参照）。

この意は、「春の長閑《のどか》さで、鷹《たか》も鳩《はと》のように穏《おだ》やかになる」との事で、日本ではこの成《せい》句《く》そのものが、季語《きご》になっております。やはり鳩は、洋の東西を問わず、穏やかな平和のシンボルのようです。

そこで先人は、「平和の鳩が、長寿の印《しるし》の蟠桃《はんとう》を運んでくる」との想いを巡《めぐ》らし、「平和長寿」の願いを込めて、「鳩献蟠桃《きゅうけんはんとう》」と題されたのでございましょう。まさに「平和と長寿は一対《いっつい》」です。

ところで、この絵皿の桃には、果点《かてん》と呼ばれる斑点《はんてん》が見えます。これは熟《じゅく》して糖度《とうど》が上がってくると現われる、との事でございます。

鸛《こうのとり》の巣籠《すごも》り

伊万里《いまり》　志田焼《しだやき》
江戸後期　一尺一寸皿

このお皿の絵と同じような図柄《ずがら》が、江戸後期に出された、「主従心得草《しゅじゅうこころえぐさ》」（天保《てんぽう》十四年・一八四三年刊）に載《の》っておりました。そしてその絵の説明は、次のようなものでございます。

「武州《ぶしゅう》（武蔵《むさし》国）下千葉村（現・東京都）の正王寺《しょうおうじ》に、松の大樹数多《たいじゅあまた》あって、間近《まぢか》く鴻《こう》（鸛《こうのとり》）の巣を所々《しょしょ》にかけて、雛《ひな》も見へたり。下枝《したえだ》には、雀《すずめ》かずかず止《とま》りて、雀《すずめ》の巣も多く見へたり。是《これ》を不思議《ふしぎ》に思ひ、鴻《こう》の巣《す》の近所《きんじょ》に、雀の多きはいかがの事と、住僧《じゅうそう》に尋ねしに、住僧のいわく、雀はよく鴻の羽虫《はむし》を取るゆへに、鴻はよろこびて、雀とは中能也《なかよしなり》」。

さて鶴《つる》は、湿原の浅瀬などに、木や草で巣を作りますが、鸛《こうのとり》は、松などの高木に巣を作ります。そこに三から五個の卵を産み、雌《し》

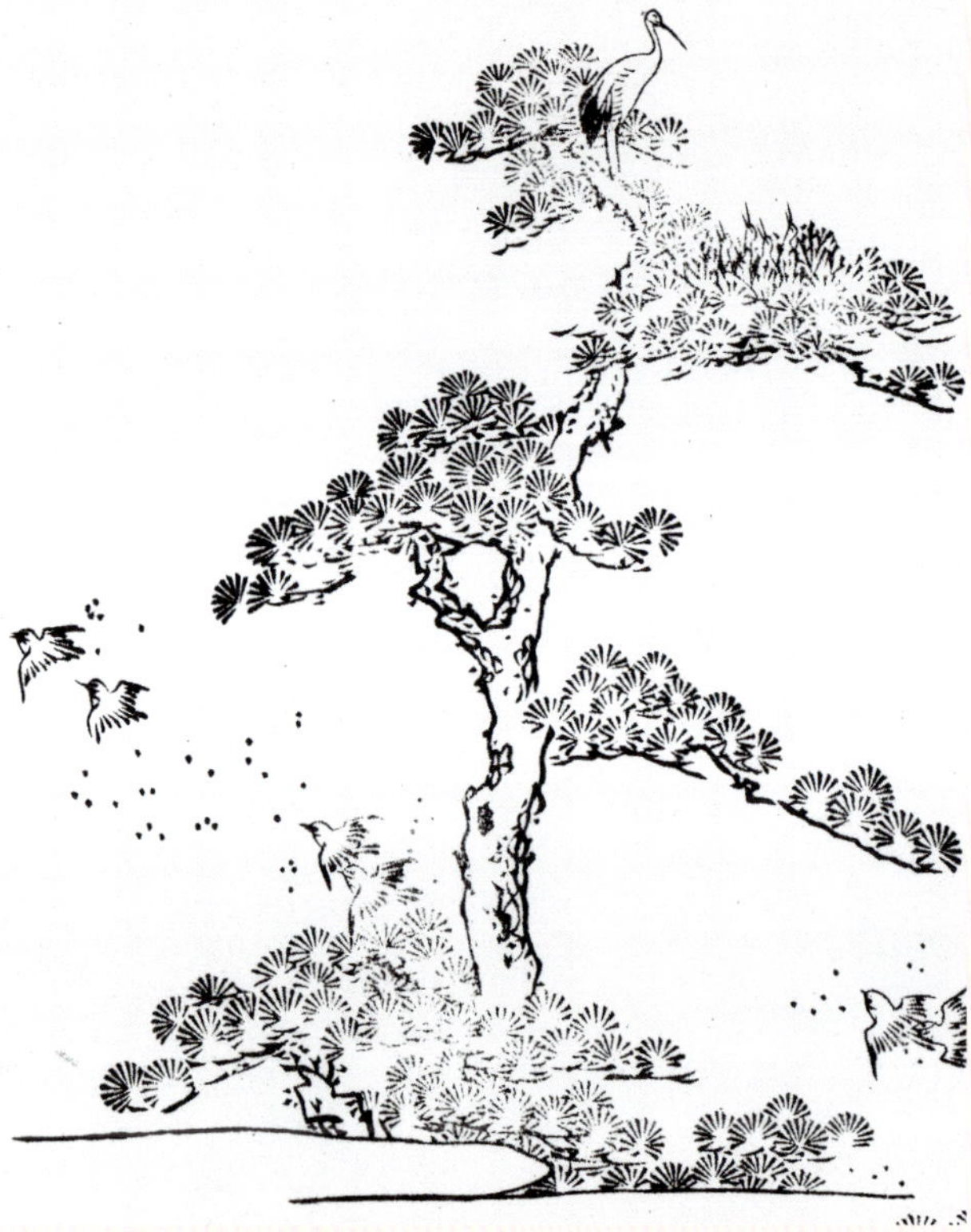

二代・柳川重信《やながわしげのぶ》画「主従心得草《しゅじゅうこころえぐさ》」
（天保十四年・一八四三年）

雄交互《ゆうこうご》に卵を抱いて、雛《ひな》を育てます。また江戸時代の鸛《こうのとり》は、「こう鶴《づる》」とも呼ばれ、鶴の一種とみなされておりました。

お皿の絵の扇面《せんめん》の窓には、三羽の雛《ひな》が巣籠《すごも》りをしております。そして巣立つのは、生まれてから二月程《ふたつき》だそうで、まだ親鳥の餌運《えさはこ》びは続きそうです。

それにしましても、何万年もの間生き続け、どこにでも見られた鸛《こうのとり》が、この百年程の間に姿を消したのは、悪意はないとしても、人間の所為《せい》でございます。

下河辺拾水《しもこうべしゅうすい》画「頭書増補訓蒙図彙《かしらがきぞうほきんもうずい》」
（寛政元年・一七八九年）
右より「こうづる」「たんてう」（丹頂）「まなづる」

牡《ぼ》丹《たん》に錦《きん》鶏《けい》

伊万里焼《いまりやき》
江戸中期　八寸皿

お皿の絵には、岩の上で、羽を広げてダンスをしているような、鳥が描《えが》かれています。よくよく見ますと尾は長く、頭には冠羽《かんう》があり、それに地上に棲《す》む鳥のようでございます。

これらを頼りに、江戸時代の絵師が、どのような鳥を描《えが》いておられたのか、それを探っていったところ、「訓蒙図彙《きんもうずい》」（寛文《かんぶん》六年・一六六六年刊）に、**錦鶏**《きんけい》の図が載《の》っており、冠《かん》羽《う》や尾羽《おばね》の特徴が似ておりました。そこで錦《きん》鶏《けい》を調べてみると、雄鳥《おとり》は、このお皿のような姿で求愛《きゅうあい》のダンスをする、との事でした。

錦鶏《きんけい》は、中国の南部に棲《す》む鳥で、日本にはおりません。しかし、雄鳥《おとり》の錦《にしき》のような美しさから、飼鳥《かいどり》として珍重《ちんちょう》され、桃山時代に渡《と》来《らい》したそうでございます。

中村惕斎《なかむらてきさい》編「訓蒙図彙《きんもうずい》」
（寛文六年・一六六六年）

そして、孔雀《くじゃく》の雄鳥《おとり》が、羽を広げて求愛するように、お皿の絵の錦鶏《きんけい》もまた、それに似た仕《し》草《ぐさ》をしております。これは、同じ雉科《きじか》の習性《しゅうせい》という事でございましょう。因《ちな》みに、京都御所《きょうとごしょ》の居間の襖《ふすま》には、錦鶏が描《えが》かれており、そのため「錦鶏間《きんけいのま》」と呼ばれております。また、「北《ほく》斎漫画《さいまんが》 三編」（文化十二年・一八一五年刊）の雄鳥《おとり》の頭にも、よくよく見ると冠羽《かんうか》が画かれております。

さて、このような鳥たちは、雄鳥《おとり》の色彩《しきさい》豊かな目立つ姿に比べ、雌鳥《めどり》は、目立たないような保護色《ほごしょく》で身を守っております。天がおつくりなったとは言え、雄鳥《おとり》の目立つ姿で外敵を誘《おび》き寄せ、その間に雌鳥《めどり》をその場から逃がす姿には、いじらしさと共に胸が熱くなって参ります。

葛飾北斎《かっしかほくさい》画「北斎漫画《ほくさいまんが》 三編」
（文化十二年・一八一五年）

孔雀《くじゃく》［孔雀《くじゃく》に九徳《きゅうとく》あり］

伊万里《いまり》　志田焼《しだやき》
江戸後期　一尺二寸皿

孔雀《くじゃく》は、そのずば抜けた華麗《かれい》な姿から、古《こ》今東西《こんとうざい》で愛《め》でられ、描《えが》かれて参りました。そして、中国の古典、「易経《えききょう》」（紀元前成立）に、「孔雀に九徳《きゅうとく》あり」と、謳《うた》われております。その九徳とは、

一、「美しい顔つき」。
二、「冴《さ》えた声」。
三、「慎《つつし》んだ足取り」。
四、「時と場所による、美しい振《ふ》る舞《ま》い」。
五、「謙遜《けんそん》な食べ方」。
六、「自足《じそく》」。
七、「共存《きょうぞん》」。
八、「喧《やかま》しくない」。
九、「常に戻る」。

でございます。

それにしても、先人の、自然からの学びには、

橘《たちばな》　守国《もりくに》画「絵本写宝袋《えほんしゃほうぶくろ》」
（享保五年・一七二〇年）

感心するばかりでございます。そして、ここでの「自足《じそく》」とは、「やたらに欲しがらず、足る事を知る」の意で、老子《ろうし》の説かれた「知レ足者富」（足るを知る者は、富む）に通じております。

お皿に描《えが》かれた孔雀《くじゃく》は、睦《むつ》まじそうで、そのお手本となった絵が、橘守国《たちばなもりくに》画伯《がはく》の「絵《え》本写宝袋《ほんしゃほうぶくろ》」（享保《きょうほう》五年・一七二〇年刊）に載《の》っておりました。その孔雀の絵を見ますと、顔付きばかりでなく、脚《あし》の配置まで、そのまま見事に写されております。

さて、九徳のうちに、それをしないと、人様に迷惑をかけるものが、一徳ございます。それは「喧《やか》しくしない」。そこでまずは、これを真似《まね》てみようかと思った次第です。

「幸せとは、人に迷惑をかけない自己満足」。これで、「共存《きょうぞん》」も成立いたします。

牡丹《ぼたん》に孔雀《くじゃく》［富貴《ふうき》］

伊万里《いまり》　志田焼《しだやき》
紙型摺絵《かみがたすりえ》
明治前期　一尺一寸皿

東洋画《とうようが》において「**牡丹《ぼたん》や孔雀《くじゃく》**」は、「**富貴《ふうき》**」（豊かで貴い事）の象徴《しょうちょう》として描《えが》かれて参りました。それもそのはずで、牡丹《ぼたん》の花の際立《きわだ》った美しさを、目《ま》のあたりにした時は、思わず声をあげ、そして、孔雀《くじゃく》の雄が羽を広げ、雌を誘うその姿は、華麗《かれい》に満ちております。

お皿の絵には、「牡丹」と共に、「夫婦《めおと》の孔雀」が、「**寿石《じゅせき》**」（「花・七福神の巻」26ページを参照下さい）の上にたたずんでおります。「石や岩」は「不変」であることから、「**長寿**」の意が込められており、絵の心は、富貴《ふうき》を愛《め》で、夫婦仲良く長寿、という訳でございます。

このお皿の絵は、明治前期の型紙摺絵《かたがみすりえ》ですが、そのお手本が「鍬形蕙斎《くわがたけいさい》」の出されたた「諸職画鑑《しょしょくえかがみ》」（寛政《かんせい》七年・一七九五年刊）に載《の》っ

（左右を反転）
鍬形蕙斎画《くわがたけいさい》
「諸職画鑑《しょしょくえかがみ》」
（寛政七年・一七九五年序）

ておりました。絵の構図は左右が逆なのですが、裏から透《す》かして見ると、そのものでございました。

孔雀《くじゃく》は、南アジアに棲《す》む鳥ですが、日本では、推古《すいこ》天皇六年（五九八年）に、新羅《しらぎ》から孔雀を贈られたと、「日本書紀」に記《しる》されております。また、平安京の内裏《だいり》には、「孔雀《くじゃく》の間《ま》」があったようでございます。

それにしましても、型紙彫師《かたがみほりし》の細やかな技《わざ》には、驚くばかりです。残念ながら、この技も、今や消えてしまいましたが、絵皿は万年の単位で、生き続ける事でしょう。そのためにも、「絵解《えと》きの文化」を、未来の子孫に残したいものでございます。

ところで、後で気がついたのですが、この鍬形蕙斎《くわがたけいさい》の絵手本の孔雀は、165頁《ページ》の橘《たちばな》守国《もりくに》画伯の絵を真似《まね》て反転《はんてん》させたものでした。つまり、この絵皿は、蕙斎が反転された絵を、型紙彫師《かたがみほりし》が再び反転させたと言う訳でございます。

桐《きり》に鳳凰《ほうおう》

伊万里焼《いまりやき》
江戸後期　七寸皿

鳳凰《ほうおう》は、**聖仁**《せいじん》**の代**《よ》に現われると伝えられております。ここでの聖仁《せいじん》の「聖《せい》」は、「天子《てんし》様《さま》」の事で、「仁《じん》」は「思いやり」、つまり聖仁は、「思いやりのある天子様」の事でございます。そこで、江戸時代の方々《かたがた》が、鳳凰をどのように理解されていたのか、それが気になるところです。

寛政《かんせい》元年（一七八九年）に、京都の下河辺《しもこうべ》拾水《しゅうすい》が描《えが》かれて出版された、「頭書増補訓蒙図彙《かしらがきぞうほきんもうずい》」という、当時の図説百科事典《ずせつひゃっかじてん》に、鳳《ほう》凰《おう》の事が次のように書かれております。

「鳳凰《ほうわう》は、神霊《しんれい》の鳥《とり》なり。雄《お》を鳳《ほう》と云《いふ》、雌《め》を凰《わう》といふ。其《その》かたち鶏《にはとり》に似《に》たり。羽《はね》は五采《さい》をそなへ、高《たか》さ四五尺、声《こえ》は簫《しょう》のごとし。生《せい》虫《ちう》を啄《ついばま》ず、生草《せいさう》をふまず。桐《きり》をこのむ、竹実《ちくじつ》

下河辺拾水画《しもこうべしゅうすい》「頭書増補訓蒙図彙《かしらがきぞうほきんもうずい》」（寛政元年・一七八九年）

をくらう」。

そして、その鳳凰《ほうおう》が宿《やど》る「**梧桐《ごどう》**」（青桐《あおぎり》）は、「君子《くんし》の徳《とく》あり」とされております。そこで、絵画などでは、「**桐《きり》に鳳凰**」と題して、善《よ》く描《えが》かれて参りました。

さて、この絵皿を、まじまじと見ますと、鳳凰《ほうおう》の顔や体の様子などは、まるで訓蒙図彙《きんもうずい》の絵を写《うつ》されたかのように、美事《みごと》な筆致《ひっち》（筆づかい）で見とれてしまいます。

それに加えて、なんとこの絵皿は、形そのものが梧桐《ごどう》の葉であり、葉脈《ようみゃく》が描《えが》かれております。そして、鳳凰《ほうおう》の目の前には、「**如意宝珠《にょいほうじゅ》**」（善心《ぜんしん》で祈れば、思いを叶《かな》えてくれる宝の玉）が、敷き物の上に供《そな》えられ、火を吹いております（火炎宝珠《かえんほうじゅ》）。

「晴《はれ》の松《まつ》に鳳凰《ほうおう》」
伊万里《いまり》　志田焼《しだやき》
江戸後期　一尺一寸皿

晴《は》れの松《まつ》は、新年の若松《わかまつ》（門松《かどまつ》）

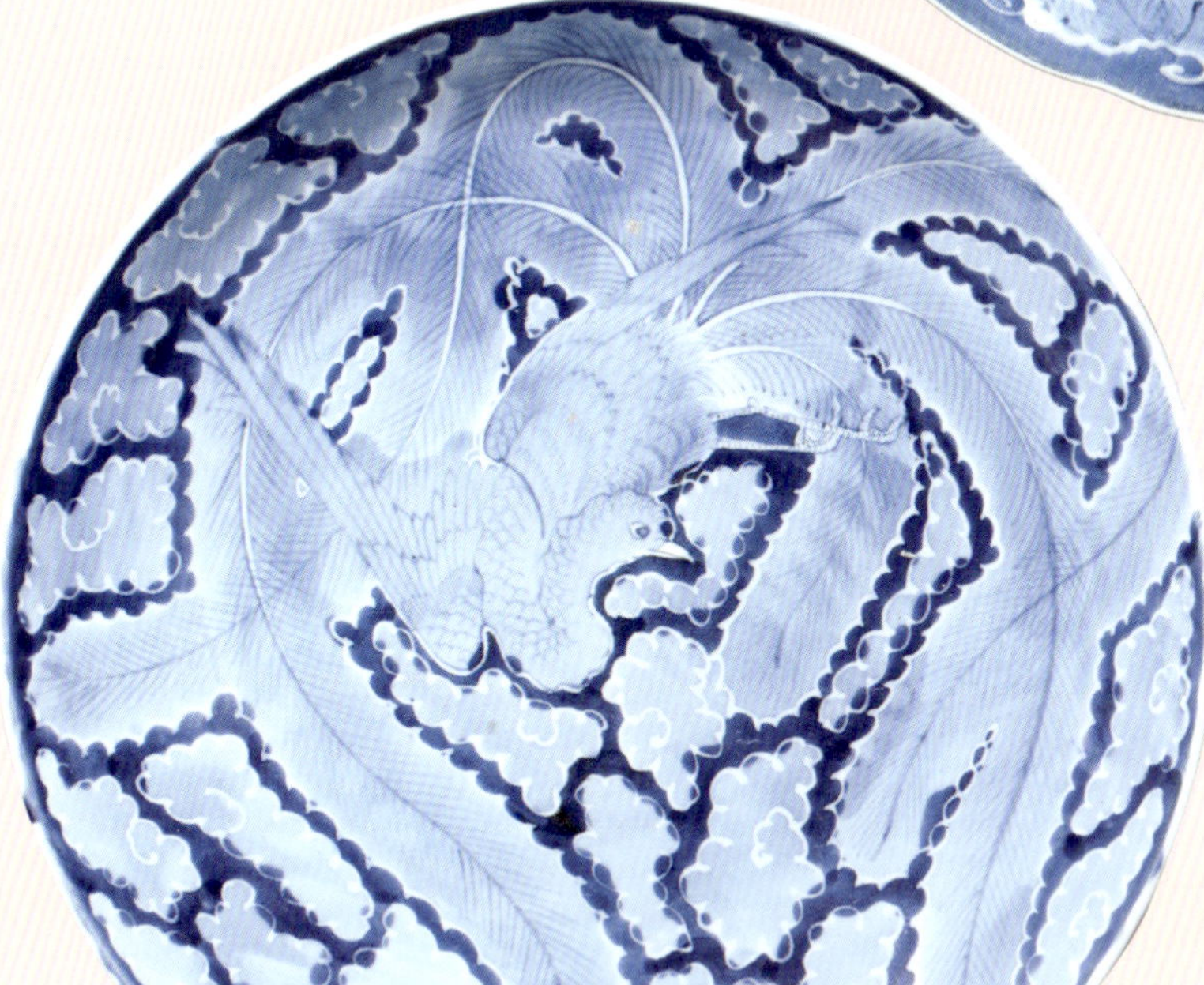

「彩鳳祥雲《さいほうしょううん》」
伊万里焼《いまりやき》
江戸後期　一尺三寸皿

彩《いろど》りの鳳凰《ほうおう》と吉祥《きっしょう》の雲《くも》

と言う訳で、先人は鳳凰《ほうおう》が現われるような、「万民《ばんみん》」のための「仁愛《じんあい》のある政治」を理想とされたのでございます。今も昔も、政治の根本は、それぞれの人の「人間性と人格」によるようで、どこからか古《いにしえ》の仁徳《にんとく》天皇のお声が聞こえてきそうです。

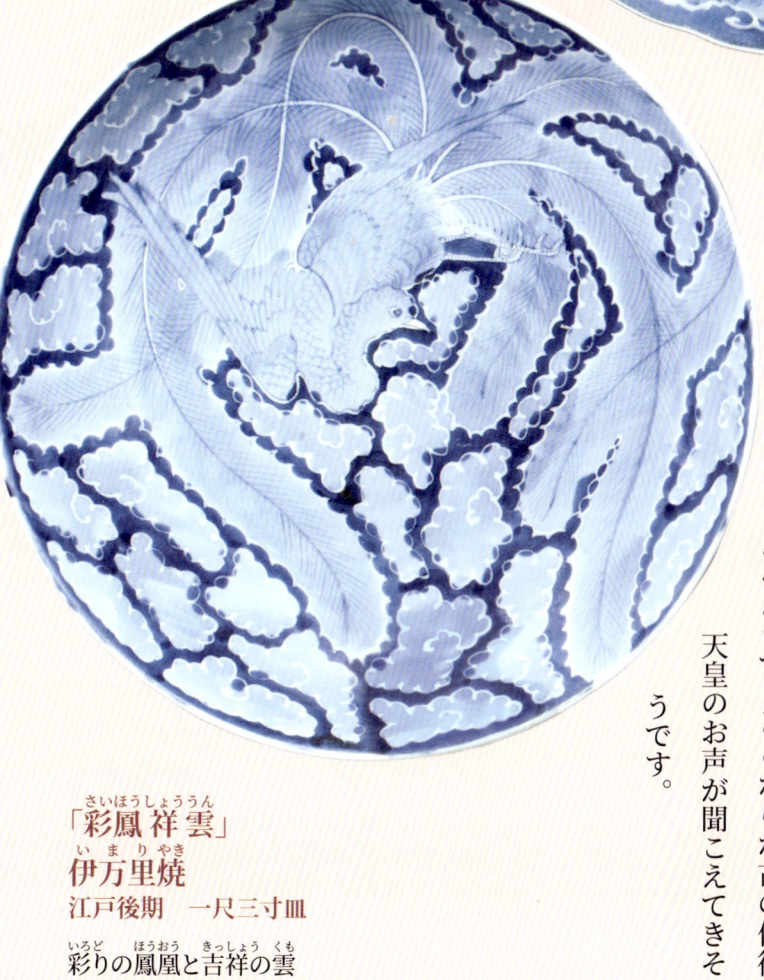

「鳳戯牡丹《ほうぎぼたん》」
伊万里《いまり》　志田焼《しだやき》
江戸後期　一尺一寸皿

牡丹《ぼたん》の花の中で戯《たわむ》れる鳳凰《ほうおう》

「牡丹《ぼたん》に阿吽《あうん》の鳳《ほう》と凰《おう》」
伊万里焼《いまりやき》
江戸後期　一尺二寸皿

阿《あ》が鳳《ほう》（雄）、吽《うん》が凰《おう》（雌）

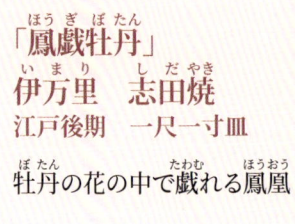

桐《きり》に鳳凰《ほうおう》［光琳風《こうりんふう》］

伊万里《いまり》　志田焼《しだやき》
江戸後期　一尺二寸皿

骨董市《こっとういち》でこの絵皿を目にした時、なんとも和《なご》みのある雰囲気《ふんいき》の絵に包《つつ》み込《こ》まれ、まじまじと見入ってしまいました。そして家に帰り、じっくりと絵解《えと》きを試《こころ》みてみましたが……。

まず、空《くう》に舞《ま》う鳥は、「**鳳凰**《ほうおう》」のようですが、尾羽《おばね》などを見ると、狩野派《かのうは》の写実的《しゃじつてき》な画風《がふう》とは違い、簡略《かんりゃく》にデフォルメ（変形）されて描《えが》かれております。そして、**梧桐**《ごどう》（青桐《あおぎり》）や、**擬宝珠**《ぎぼし》（宝珠《ほうじゅ》の飾り）をつけた**欄干**《らんかん》も図案的《ずあんてき》で、夢の世界のようでございます。

その後十年程して、絵手本《えでほん》の「光琳絵本道知辺《こうりんえほんみちしるべ》」（享保《きょうほう》二十年・一七三五年刊）を手に入れ、何とは無しに見ていたところ、なんと、そっくりな画風《がふう》の鳳凰が描《えが》かれておりました。これでもう、お皿の絵には、納得《なっとく》でございます。

野々村忠兵衛《ののむらちゅうべえ》画
「光琳絵本道知辺《こうりんえほんみちしるべ》」
（享保二十年・一七三五年）

尾形光琳《おがたこうりん》は、京都の裕福《ゆうふく》な呉服屋《ごふくや》の次男として、万治《まんじ》元年（一六五八年）にお生まれになりました。絵に興味を持たれた光琳は、狩野《かのう》派《は》、土佐《とさ》派《は》に学び、その後、宗達《そうたつ》派《は》の装飾《そうしょく》画様式《がようしき》に傾倒《けいとう》されたとの事です。

のちに、「光琳風《こうりんふう》」と言われる画風《がふう》を生み出されたのは、絵の基礎をしっかり学ばれたのはもちろん、呉服屋を営む実家で、幼い時から目にしていた「装飾的図案《そうしょくてきずあん》」に、ルーツがあるようです。着物《きもの》の図案《ずあん》や、染色《せんしょく》に使われる「型紙《かたがみ》」の技法《ぎほう》、それに「黒色《こくしょく》の線や点で物の姿」を表わした「素描《そびょう》の下絵《したえ》」など、身をもってご存じだったからでございましょう。

この絵皿を描《えが》かれた絵師も、光琳の絵手本《えでほん》を手元《てもと》に置き、大切にされていたと思われます。

鳳凰《ほうおう》［鳳眼《ほうがん》］

伊万里焼《いまりやき》
江戸後期　一尺二寸皿

このお皿の絵の鳥は、尾羽《おばね》が襞《ひだ》のようなもので縁取《ふちど》られ、大胆《だいたん》に描《えが》かれております。全体の姿から「鳳凰《ほうおう》だろう」と思われるのですが、確信を持てずにおりました。

ところが、その後手《ご》にした「絵本《えほん》忘草《わすれぐさ》」（貞享《じょうきょう》五年・一六八八年刊）に鳳凰《ほうおう》の絵が載《の》っており、その鳳凰の尾羽《おばね》には襞《ひだ》があり、舞い飛ぶ姿も酷似《こくじ》しておりました。

そして絵の説明には、「鳳凰と云《いう》も、雄鳥《おとり》雌鳥《めどり》也。桐《きり》の木ならざれば住ず。竹実《ちくじつ》にあらざればくらはず。醴泉《れいせん》にあらざれば、のまず。聖仁《せいじん》の代《よ》にあらねば、出ざる物なり」、とございました。

この文を読むと、色々と考えさせられます。

愚獨《ぐどく》著「絵本忘草《えほんわすれぐさ》」
（貞享五年・一六八八年）

それは、仁《じん》と徳《とく》を本《もと》として、国を治めようとされた、古《いにしえ》の為政者《いせいしゃ》が、その理想を忘れぬためにも、理想にかなう瑞鳥《ずいちょう》を想像されたのでは、との思いでございます。

現代の、民《たみ》の心を主《しゅ》とする民主主義には、果して仁《じん》や徳《とく》が育っていくのでしょうか。かと言って、戦前の権力的な国家主義も、本来の仁や徳は、影をひそめていたようでございます。やはり江戸時代のように、国にしばられない、許容のある「心学《しんがく》」的な学びが、温《おん》故知新《こちしん》として、出版やメディアなどから育ってほしいものです。

ところで、鳳凰《ほうおう》の眼《め》は、穏やかでまなじりが深く、横ながでございます。このような眼を持つ方の人相を、「鳳眼《ほうがん》」と呼び貴相《きそう》とされております。もっとも微笑《ほほえ》めば、どなたも細目《ほそめ》となり、「鳳眼」の相でございます。

それでは、「絵本忘草《えほんわすれぐさ》」の出された百五十年後に、北斎翁《ほくさいおう》が描《えが》かれた「秀画一覧《しゅうがいちらん》」（文政《ぶんせい》元年・一八一八年刊）の絵と、照《て》らし合わせてご覧下さい。

葛飾北斎《かつしかほくさい》画「秀画一覧《しゅうがいちらん》」（文政元年・一八一八年）
聖仁の代に現われる鳳凰と麒麟

仙人の巻

琴高仙人《きんこうせんにん》［琴《こと》を愛《あい》し鯉《こい》に乗《の》る］

伊万里《いまり》　志田焼《しだやき》
江戸後期　尺皿

仙人は、「道教」（老子が祖）において、「理想とされる人物」でございます。俗界《ぞっかい》を離れて山中に住み、長年にわたり修行された結果、「長生不老《ちょうせいふろう》の法」を修《おさ》められた方々で、空中飛行など、様々な神通力《じんつうりき》を持つとされております。秦《しん》・漢《かん》代（前二二一年～）には、道家《どうか》（後に道教《どうきょう》）の道士《どうし》によって仙人になるための法が実践《じっせん》されたようで、その仙人の伝記《でんき》をまとめた、「列仙伝《れっせんでん》」（後漢・二一五年～二二〇年）や、「神仙伝《しんせんでん》」（晋代・二六五年～）が編纂《へんさん》され、今に至っております。

さて、このお皿の絵の鯉《こい》に乗られた仙人は、江戸時代に有名だった「琴高仙人《きんこうせんにん》」でございます。そして、「列仙伝《れっせんでん》」では、この方の事が、次のように記《しる》されております。

酒井抱一《さかいほういつ》編　尾形光琳《おがたこうりん》画
「光琳百図《こうりんひゃくず》」
（文化十二年・一八一五年）

吉村周山《よしむらしゅうざん》編　狩野元信《かのうもとのぶ》原画
「和漢名筆画英《わかんめいひつがえい》」
（寛延三年・一七五〇年）

「琴高《きんこう》は、趙《ちょう》（紀元前・戦国時代）の人であった。よく琴《こと》を弾《ひ》いたので、宋《そう》の康王《こうおう》（？～前二八六年）の舎人《しゃじん》となった。涓子《けんし》や彭祖《ほうそ》の術を実践《じっせん》し、冀州《きしゅう》・碭郡《とうぐん》の地方を放浪《ほうろう》すること二百余年。のち、碭水《とうすい》に潜《もぐ》って龍《りゅう》の子を取ってくると言い遺《のこ》し、かつ弟子《でし》たちと約束して、当日は、みんな潔斎《けっさい》して水辺《みずべ》で待ち、祭場《さいじょう》を設けておくようにと伝えた。すると、果《はた》して赤い鯉《こい》に乗って現われ、水から出て祠《ほこら》の中に坐《ざ》した。翌朝《よくあさ》には、多数の人がこれを見にやって来た。こうして、一月あまりも滞在《たいざい》していたが、再び水中に入って去った」。

さて、絵皿の構図《こうず》によく似た絵が、江戸中期に「吉村周山《よしむらしゅうざん》」が出された絵手本《えでほん》の、「和《わ》漢名筆画英《かんめいひつがえい》」（寛延《かんえん》三年・一七五〇年刊）に載《の》っておりました。この絵は室町時代の、「古法《こほう》眼《げん》」の異称《いしょう》で知られる、狩野派《かのうは》の大成者《たいせいしゃ》「狩野元信《かのうもとのぶ》」（一四七六年～一五五九年）の原画

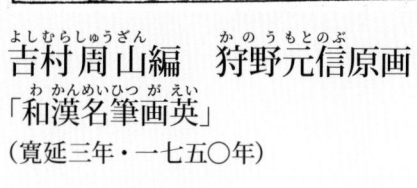

の写《うつ》しで、鯉の顔や目、そして人物などの全体の表情が真《まこと》に豊かに描《えが》かれております。

それにしても、紀元前の仙人を、一七〇〇年後の室町時代の絵師が描《えが》かれ、また、その絵を手本として三〇〇年後の江戸後期の絵師が、庶民の使うお皿に描かれたのは、夢を見るような思いがあったからでございましょう。それから二〇〇年後の現代、その絵の仙人を知る者は、ほぼおられません。しかし陶磁器《とうじき》は、もともと土であるが故に劣化《れっか》することがなく、縄文土器《じょうもんどき》のように、千年万年と確実に絵を残せる唯一のものでございます。

出来得《できう》るならば、千年万年後まで、庶民文化であった絵皿の絵解《えと》きが、何らかの形で伝えられている事を、望むばかりでございます。

伊万里焼《いまりやき》
江戸後期　七寸皿

巨霊人《これいじん》［洪水《こうずい》を防《ふせ》いだ河《かわ》の神《かみ》］

伊万里《いまり》　志田焼《しだやき》
江戸後期　一尺一寸皿

今の世で、このお皿に描《えが》かれた人物を知る人は、もうほとんどおられません。ところが、そのお手本とされた絵が、橘守国《たちばなもりくに》画伯《がはく》の出された「絵本写宝袋《えほんしゃほうぶくろ》」（享保《きょうほう》五年・一七二〇年刊）に、載《の》っておりました。

そして、そこには説明書きがあり、その文の意味は次のようなものでございます。

「**巨霊人**《これいじん》は大力《たいりき》で、神通力《じんつうりき》のある**仙人**である。『古文前集《こぶんぜんしゅう》』という本には、巨霊人は山を劈《つんざい》て河の水を流し、洪水《こうずい》を尽《つ》きさせた。又、**白虎**《びゃっこ》を愛す」。

また、「絵本宝鑑《えほんほうかん》」（貞享《じょうきょう》五年・一六八八年刊）

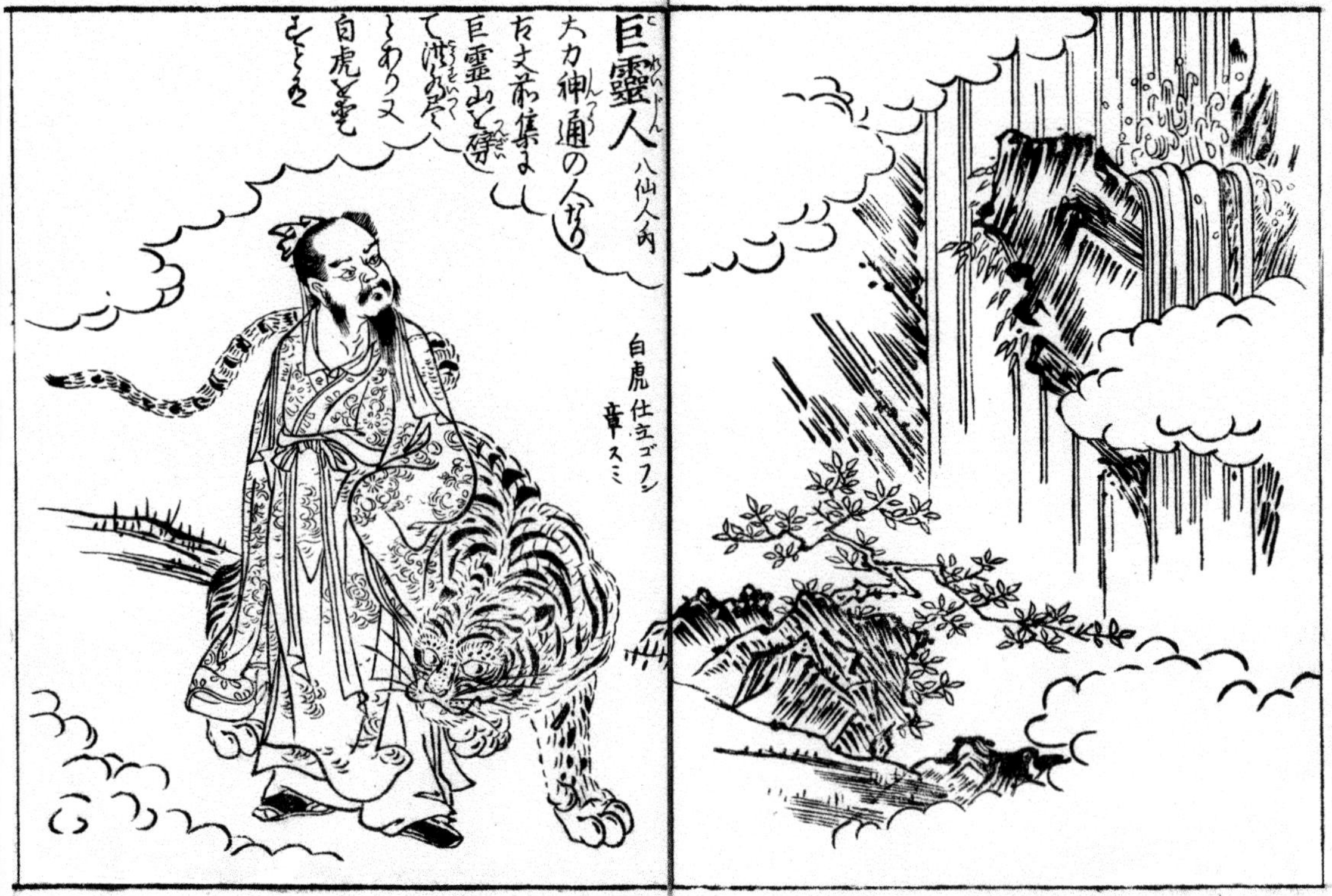

橘《たちばな》　守国《もりくに》画「絵本写宝袋《えほんしゃほうぶくろ》」
（享保五年・一七二〇年）

には、「華山千万重《かざんせんばんちょう》、大ちからにて、山を引きくずすとなり」、と書かれておりました。

古来、巨霊人《これいじん》は、中国伝説の「河の神《かわのかみ》」として、崇《あが》められてきたようです。そこには、洪水《こうずい》に悩まされ続けてきた人々の、切なる思いが込められていたのでございましょう。

さて、守国画伯の絵は、彫物師《ほりものし》の方々もお手本とされたようで、東京の雨武主神社《あまむしじんじゃ》に、ほぼその物の彫刻が残されております。

それにしましても、それぞれの職工《しょっこう》の方々の模写《もしゃ》の技量《ぎりょう》には、驚かされます。そこには、「真似《まね》」をして「学ぶ《まね》」の、「迷いのない安心感」が感じられます。

伊万里《いまり》　志田焼《しだやき》
明治前期　尺皿

伊万里《いまり》　志田焼《しだやき》
江戸後期　尺皿

伊万里焼《いまりやき》
江戸後期　五寸皿

太真王夫人《たいしんおうふじん》［百禽集《ひゃっきんあつ》まり四海周遊《しかいしゅうゆう》］

江戸時代、中国の書籍は、「唐船《とうせん》」に積まれて長崎に、運ばれて参りました。その本の一つに、中国の仙人を書き記《しる》した、「有象列仙全伝《うぞうれっせんぜんでん》」がございます。

この本は、人気があったようで、日本でも漢文《かんぶん》に返《かえ》り点《てん》などを加えて、慶安《けいあん》三年（一六五〇年）に、和刻本《わこくぼん》が出されております。その和刻本を手に入れたところ、このお皿の人物とおぼしきお方が、描《えが》かれており、「太《たい》真王夫人《しんおうふじん》」と記《しる》されていました。そして、この本の絵を基《もと》にして、その後、橘守国《たちばなもりくに》画伯《がはく》や葛飾北斎翁《かつしかほくさいおう》などが、版本《はんぽん》の絵として描かれ、それらが残っております。

このお皿の絵は、その守国画伯の「絵本故《えほんこ》事談《じだん》」（正徳《しょうとく》四年・一七一四年刊）の絵を、手本

伊万里焼《いまりやき》
江戸後期　一尺一寸皿

太真王夫人、王母ノ少女、玉卮也。毎ニ弾ズ一絃ノ琴ヲ。即チ百禽飛集ス。
時ニ乗テ白龍ニ周遊ス四海ニ。

王世貞《おうせいてい》編
「有象列仙全伝《うぞうれっせんぜんでん》」（和刻本《わこくぼん》　慶安三年・一六五〇年）
墨摺《すみず》り彩色本《さいしきぼん》（白黒の絵に筆《ふで》で色を施《ほどこ》したもの）
右の漢文は解説部分

とされております。その故事談《こじだん》に記《しる》されている人物の説明は、次のようなものでございます（186ページ参照）。

大真王夫人《たいしんわうふじん》（ママ）
「夫人《ふじん》は、西王母《せいわうぼ》の少女《せうぢょ》、玉卮《ぎょくし》といふ者《もの》なり。毎《つね》に一絃《いちげん》の琴《こと》を弾《ひく》。即《すなはち》、百禽《ひゃくきん》（多くの鳥）飛《とび》あつまる時《とき》、**白龍**《はくりう》に乗《のり》て、四海《しかい》に周遊仙《しうゆうするせん》人《にん》也」。

さて、今の時代においても、「弘前《ひろさき》ねぶた」の本体の裏面を飾《かざ》る、「見送《みおく》り絵《え》」の美人画に、「太真王夫人《たいしんおうふじん》」が定式《ていしき》のお一人になっておられます。現代の美術から、ほぼ消えてしまった、古くから伝えられてきた日本の絵は、お祭りの装飾《そうしょく》や寺社《じしゃ》の彫刻《ちょうこく》、そして古い絵皿に、今も残っているのでございます。

そして磁器《じき》のお皿の絵は、この先一万年

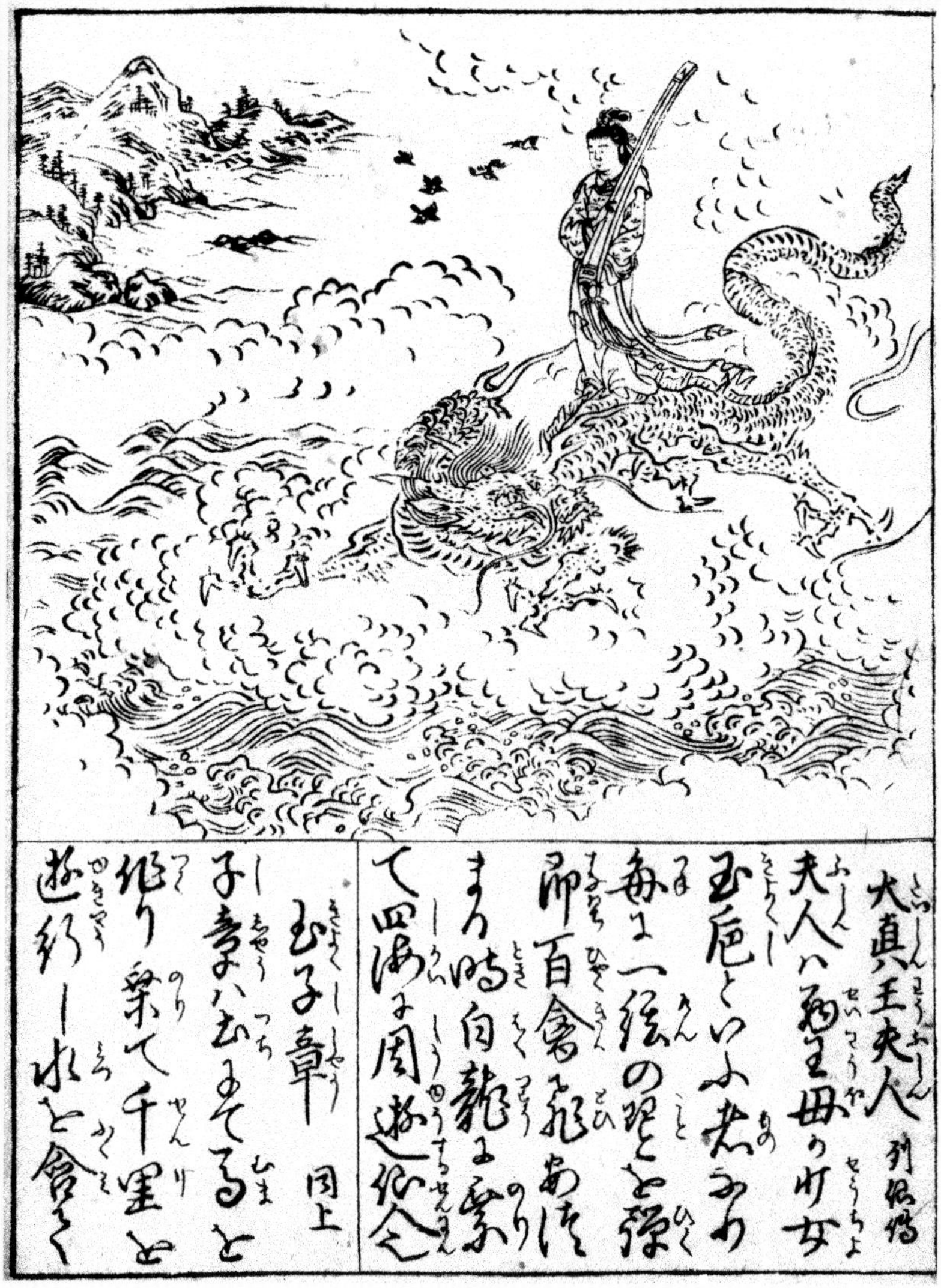

橘守国《たちばなもりくに》画「絵本故事談《えほんこじだん》」（正徳四年・一七一四年）

経ったとしても、絵心《えごころ》と共に消える事はございません。また、現代人が、絵の意味を知る「絵解《えと》き」が出来なくなったのは、寺子屋の子供達が読めた、変体仮名《へんたいがな》と呼ばれる昔からの平仮名《ひらがな》を、読めなくなったからです。それは、明治政府の愚策《ぐさく》のためで、本などの文字が読めなければ、文化は途絶《とだ》えてしまいます。

江戸時代の本は、平仮名さえ読めれば、漢字はルビで読めたのでございます。

私も、変体仮名《へんたいがな》を少しずつ覚えるだけで、江戸時代の本が読めるようになりました。

変体仮名《へんたいがな》といっても、よく使われるものは、そう多くはありません。

変体仮名一覧 ※主な変体仮名を紹介します

ひらがな	字源	変体仮名と字源			
あ	安	安	阿	愛	悪
い	以	以	伊	意	移
う	宇	宇	有	雲	憂
え	衣	衣	盈	得	江
お	於	於	於	於	於
か	加	加	可	閑	哥
き	幾	幾	起	支	貴
く	久	久	具	求	供
け	計	介	遣	希	氣
こ	己	己	古	故	許
さ	左	左	佐	散	差
し	之	之	志	斯	四
す	寸	寸	春	須	寿
せ	世	世	勢	聲	瀬
そ	曽	曽	楚	所	蘇
た	太	太	多	堂	當
ち	知	知	千	地	遅
つ	川	川	徒	津	都
て	天	天	帝	亭	転
と	止	止	登	徒	東
な	奈	奈	那	難	南
に	仁	仁	二	尓	耳
ぬ	奴	奴	怒	努	駑
ね	祢	祢	年	音	子
の	乃	乃	能	農	濃

ひらがな	字源	変体仮名と字源			
は	波	波	者	盤	八
ひ	比	比	飛	非	悲
ふ	不	不	布	婦	風
へ	部	部	遍	偏	邉
ほ	保	保	本	報	奉
ま	末	末	満	萬	万
み	美	美	見	三	微
む	武	武	無	无	務
め	女	女	免	面	目
も	毛	毛	茂	裳	母
や	也	也	屋	夜	耶
ゆ	由	由	遊		
よ	与	与	余	夜	世
ら	良	良	羅	蘭	等
り	利	利	里	梨	李
る	留	留	流	累	類
れ	礼	礼	連	連	麗
ろ	呂	呂	露	盧	論
わ	和	和	王	倭	輪
ゐ	為	為	井	遺	居
ゑ	恵	恵	衛	慧	
を	遠	遠	越	乎	悪
ん	无	无			

書：青山緑珠

『3ステップで読める 仮名のくずし字』より

北斎漫画《ほくさいまんが》と仙人《せんにん》

「北斎漫画《ほくさいまんが》」は、北斎翁《ほくさいおう》が数《かぞ》え年《どし》五十五歳になられた文化《ぶんか》十一年（一八一四年）に、絵手本《えでほん》として出版されたのですが、絵師や絵師を志す若者ばかりではなく、一般《いっぱん》の庶民《しょみん》や幼童《ようどう》にも、「楽しみの絵本」として人気を博《はく》したようです。

そこで版元《はんもと》は、急いで続編を企画し、なんと翌年《よくとし》の文化十二年（一八一五年）には、二編ばかりでなく、三編までも出版されました。そして、その三編には、ご覧のように、往時《おうじ》の人気のあった仙人や人物が描《えが》かれております。

それでは、初編の東方朔《とうぼうさく》と西王母《せいおうぼ》をはじめ、三編に描《えが》かれた幾人《いくにん》かの仙人

葛飾北斎画《かっしかほくさい》「北斎漫画《ほくさいまんが》 初編」一丁裏（文化十一年・一八一四年）

の方々を、江戸時代の絵皿と共に尋《たず》ねて参ります。尚、その他《ほか》の仙人の方々についても、絵皿は所持しておりませんが、絵解きはしておりますので、近々別本にて「北斎漫画を謎解く」などとして、出せればと思っております。

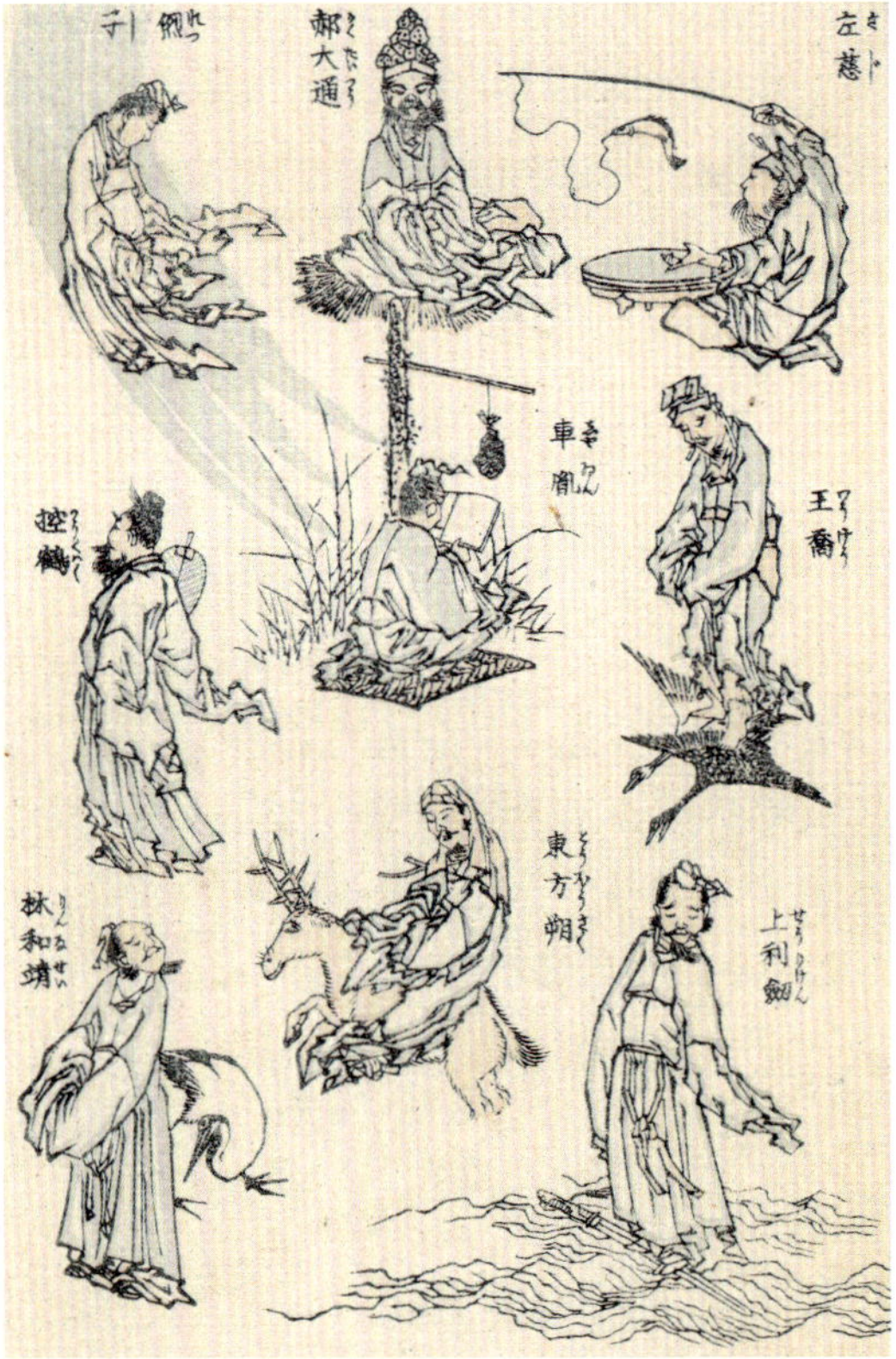

葛飾北斎画《かつしかほくさい》
「北斎漫画《ほくさいまんが》 三編」
（文化十二年・一八一五年）
左：十二丁裏
下右：十三丁表
下左：十三丁裏

東方朔《とうぼうさく》［東方朔《とうぼうさく》は九千歳《きゅうせんざい》］

伊万里《いまり》　志田焼《しだやき》
江戸後期　七寸皿

このお皿に描《えが》かれている剽軽《ひょうきん》な人物は、**桃**を持っておられるので、今から二千百年程前に、中国の「漢《かん》」の時代におられた、「**東方《とうぼう》朔《さく》**」というお方と推理いたしました。そして、辞書では、その東方朔を次のように説明しております。

「前漢《ぜんかん》の学者。字《あざな》は曼倩《まんせい》。武帝《ぶてい》に仕《つか》え、ひろく諸子《しょし》百家《ひゃっか》の語《ご》に通じ、奇行《きこう》が多かった。伝説《でんせつ》では方士《ほうし》（仙術士《せんじゅつし》）として知られ、西王《せいおう》母《ぼ》（不老不死《ふろうふし》の女神《めがみ》）の桃を盗《ぬす》んで食べ、長寿《ちょうじゅ》をほしいままにしたと伝える」。

そこで、「北斎漫画《ほくさいまんが》 初編」には、この東方《とうぼう》朔《さく》と西王母《せいおうぼ》のお二人が並んで描《えが》かれております。そして、その漫画の元《もと》の構図《こうず》とおぼしき絵が、北斎翁《ほくさいおう》のお生まれになった頃に、長谷《はせ》

長谷川光信《はせがわみつのぶ》画
「絵本淀之流《えほんよどのながれ》」（宝暦期・一七五一～一七六四年）

川光信《がわみつのぶ》が描かれた「絵本淀之《えほんよどの》流《ながれ》」（宝暦《ほうれき》期・一七五一～一七六四年刊）に載《の》っておりました。その絵の説明文は、次のようなものでございます。

葛飾北斎《かつしかほくさい》画
「北斎漫画《ほくさいまんが》 初編」
（文化十一年・一八一四年）

東方朔《とうぼうさく》は九千歳《ざい》
とうぼうさく、字《あざな》は曼倩《まんせい》。青洲平原《せいしうへいげん》ぐんの人なり。身のたけ九尺三寸《きゅうしゃくさんずん》。口《くち》は珠《たま》をかけたるごとく、歯《は》は貝《かい》をあみ《（編）》たるやう《（様）》なり。がくもん《（学問）》に長《ちやう》じ、信《まこと》をつくし、ひやうほう《（兵法）》にくわし《（詳）》。ちから《（力）》つよく、はやわざ《（早技）》なりとて、漢《かん》の武《ぶ》てい《（帝）》につかえ《（仕）》たり。死《し》してのち、みかど《（帝）》、天もんじや《（文者）》大伍公《たいごこう》といふ人を、めし《（召）》てたづね《（尋）》給《たま》へば、歳星《せいせい》（木星）のけしん《（化身）》なりと申しけるとなり。世にいゝ《（言）》つたふ《（伝）》るは、西王《せいわう》母《ぼう》に仙《せん》じゅつをならい《（習）》、三千年に一度《ど》、花さきみ《（実）》のる桃を、三つぬすみ、くらい《（食）》けるゆへ《（故）》に三々《さざん》の九千《きゅうせん》ねん、よはひ《（齢）》をたもち《（保）》けるとかや。

さて、この伝説は、脚色《きゃくしょく》されてお能《のう》の演目《えんもく》の「東方朔《とうぼうさく》」となり、今も西王母《せいおうぼ》と東方朔が、舞《まい》を舞《ま》う様子が演じられています。

西王母《せいおうぼ》［不老長生《ふろうちょうせい》の蟠桃《はんとう》］

伊万里焼《いまりやき》
江戸後期　一尺一寸皿

中国の伝説では、「西の彼方《かなた》」に、神仙《しんせん》の住む「崑崙山《こんろんざん》」があるとされております。そして、その「西」に住んでおられる「王母《おうぼ》」が「**西王母**《せいおうぼ》」で、**仙女**《せんにょ》の中では最高位の、「不老不死《ふろうふし》の女神《めがみ》」でございます。

崑崙山《こんろんざん》の瑶池《ようち》（池のある西王母の住むところ）には、三千年に一度実《み》がなり、その実を食べると**不老長生**《ふろうちょうせい》となる、「**蟠桃**《はんとう》」という**桃の木**があり、その実《み》も「蟠桃」と呼ばれておりま す。この蟠桃を、孫悟空《そんごくう》が盗んで食べたとか、また長生《ながい》きを願っていた漢《かん》の武帝《ぶてい》が、西王母《せいおうぼ》から与《あた》えられたなどの、伝説が残っております。その武帝《ぶてい》の物語が、「絵本宝鑑《えほんほうかん》」（貞享《じょうきょう》五年・一六八八年刊）に載《の》っておりましたので、原文《げんぶん》のまま、お楽しみください。

葛飾北斎画《かつしかほくさい》
「北斎漫画《ほくさいまんが》 初編」
（文化十一年・一八一四年）

西王母

西王母《せいわうぼ》は仙女《せんぢょ》なり、漢《かん》の武帝《ぶてい》にあひ(会)ける時、じぢょこしもとに桃《もも》をとり来《きた》れといへば、須臾《しばらく》の中《うち》に取来《とり》る。盤《ばん》に桃七《なな》つあり、大《おほき》さ鴨《かも》の子《こ》のごとし。形圓色青《かたちまるくいろあおし》、西王母《せいわうぼ》七つの内《うち》四つを武帝《ぶてい》に与《あた》ふ。其身《そのみ》は三つ食《しょく》せり。武帝《ぶてい》食《しょく》し給ふに、甘《あま》く美《むま》き事比類《ひるい》なうして、口に盈《みつ》る味《あじ》ひあり。帝此種《みかどこのたね》を植《うへ》んといふ。西王母《せいわうぼ》がいはく、これ三千歳《ざい》に一《ひと》たび実《み》を生《しょう》ずる耳《のみ》。中夏《みやこ》は地薄《ぢうす》し、これを植《うゆ》るとも生《はへ》じと、帝《みかど》きいて植《うゆ》る事を止給《やめたま》ふ。時《とき》に七月七日《ふみづきなぬか》なり。武帝《ぶてい》の宮中《きうちう》に降《くだ》ると云《いふ》。

　さて、江戸中期に橘守国《たちばなもりくに》画伯が出された「絵本写宝袋《えほんしゃほうぶくろ》」（享保《きょうほう》五年・一七二〇年刊）に、お皿の絵のような、手に蟠桃《はんとう》をお持ちの西王《せいおう》母《ぼ》が描《えが》かれておりました。そして、「亀台金《きたいきん》母《ぼ》」（西王母の別称）と題した漢文《かんぶん》の説明も、およそ同じです。さすが、江戸後期の渓斎英《けいさいえい》泉《せん》が、「文学博識《ぶんがくはくしき》の秀才《しゅうさい》なり」と評されたのも、「尤《もっと》も也《なり》」でございます。そこで一句、「浮世《うきよ》絵《え》は　守国《もりくに》の絵の　末裔《まつえい》なり」。

橘守国《たちばなもりくに》画「絵本写宝袋《えほんしゃほうぶくろ》」
（享保五年・一七二〇年）

鐘離権《しょうりけん》と上利剣《じょうりけん》［誤解《ごかい》された仙人《せんにん》］

伊万里《いまり》　志田焼《しだやき》
江戸後期　尺皿

このお皿の絵の、**剣**《けん》の上におられる人物が誰なのか、色々と調べておりましたところ、吉村周山《よしむらしゅうざん》が出された絵手本《えでほん》の、「和漢名筆画宝《わかんめいひつがほう》」（明和《めいわ》四年・一七六七年序）に、狩野元信《かのうもとのぶ》の絵に添えて「**鐘離権**《しょうりけん》」と、名前が明記《めいき》されておりました。

その鐘離権《しょうりけん》ですが、中国で書かれた「有象《うぞう》列仙全伝《れっせんぜんでん》」などでは、**仙人**《せんにん》の中でも有名な八《はっ》仙《せん》のお一人とされております。そして、「死者の魂《たましい》を蘇《よみがえ》らせる」との事ですが、「剣に乗る」とは記《しる》されておりません。

ところが、196頁《ページ》をご覧のように、江戸時代の図説百科事典《ずせつひゃっかじてん》である、「頭書増補訓蒙《かしらがきぞうほきんもう》図彙《ずい》」（寛政《かんせい》元年・一七八九年刊）には、その名が「**上利剣**《じょうりけん》」という漢字で書かれており、次

吉村周山《よしむらしゅうざん》編　狩野元信《かのうもとのぶ》原画
「和漢名筆画宝《わかんめいひつがほう》」
（明和四年・一七六七年序）

葛飾北斎《かつしかほくさい》画
「北斎漫画《ほくさいまんが》 三編」
（文化十二年・一八一五年）

のような説明書きがございました。

「上利剣《じゃうりけん》は、剣《つるぎ》を乗《のりもの》として、大海《だいかい》の波上《なみのうへ》を、飛行《ひぎゃう》する術《じゅつ》を得《え》たりとなん」。

さて、お一人の仙人の名前が、「鐘離権《しょうりけん》」と「上利剣《じょうりけん》」のように、なぜ二つあるのかが気になるところです。その謎解《なぞと》きが、曲亭馬琴《きょくていばきん》作の「俊寛僧都嶋物語《しゅんかんそうずしまものがたり》」の中に、次のような内容で説明されておりました。

「鐘離権《しょうりけん》を画《えが》くに、剣《けん》に乗る図あり、それは権《けん》と剣《けん》が同音《どうおん》であり、故《ゆえ》に剣《けん》を画《えが》くは、その人物が鐘離権である事を、知らせんがため也《なり》」。そして、「これを上利剣《じょうりけん》とおぼえて、利剣《りけん》（鋭利《えいり》な剣《けん》）に上《のぼ》る仙人と思ってはいけない」、との事でございます。

しかしながら、当時の方々は、剣に乗る仙

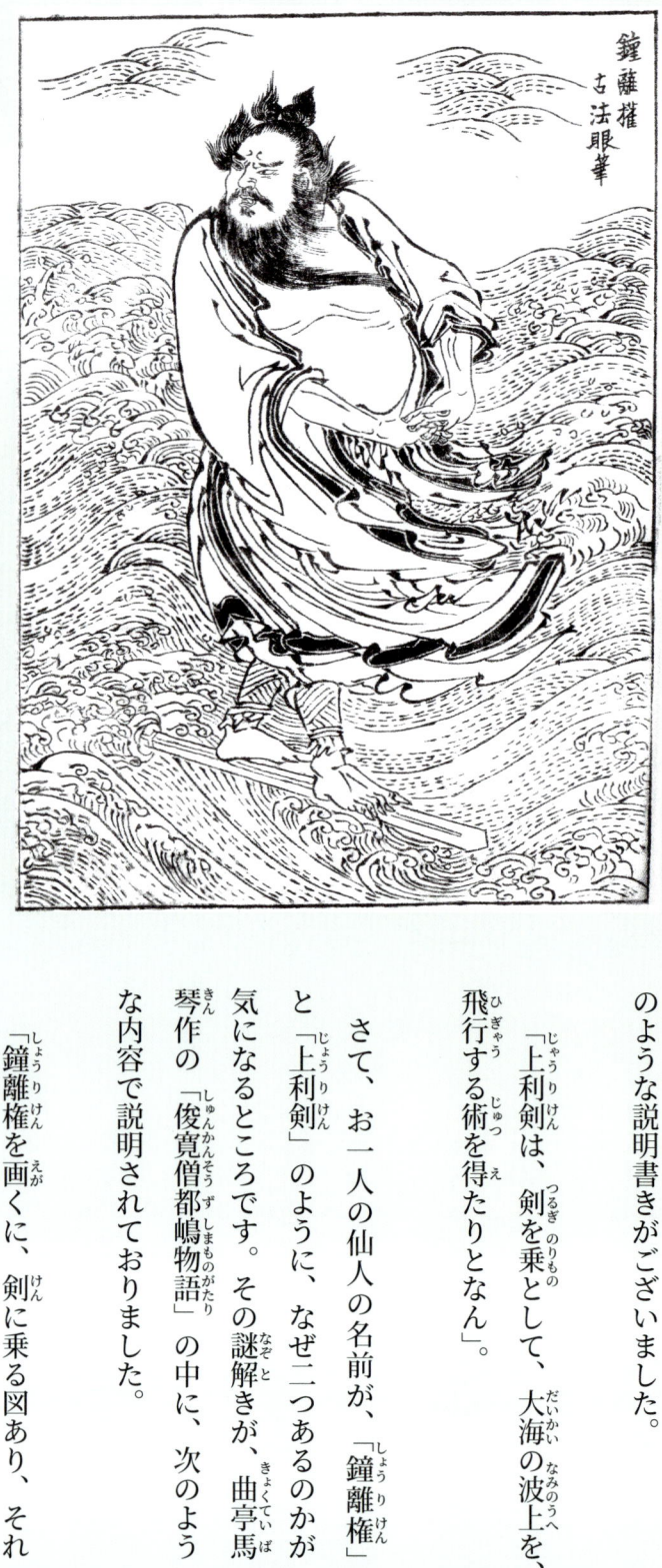

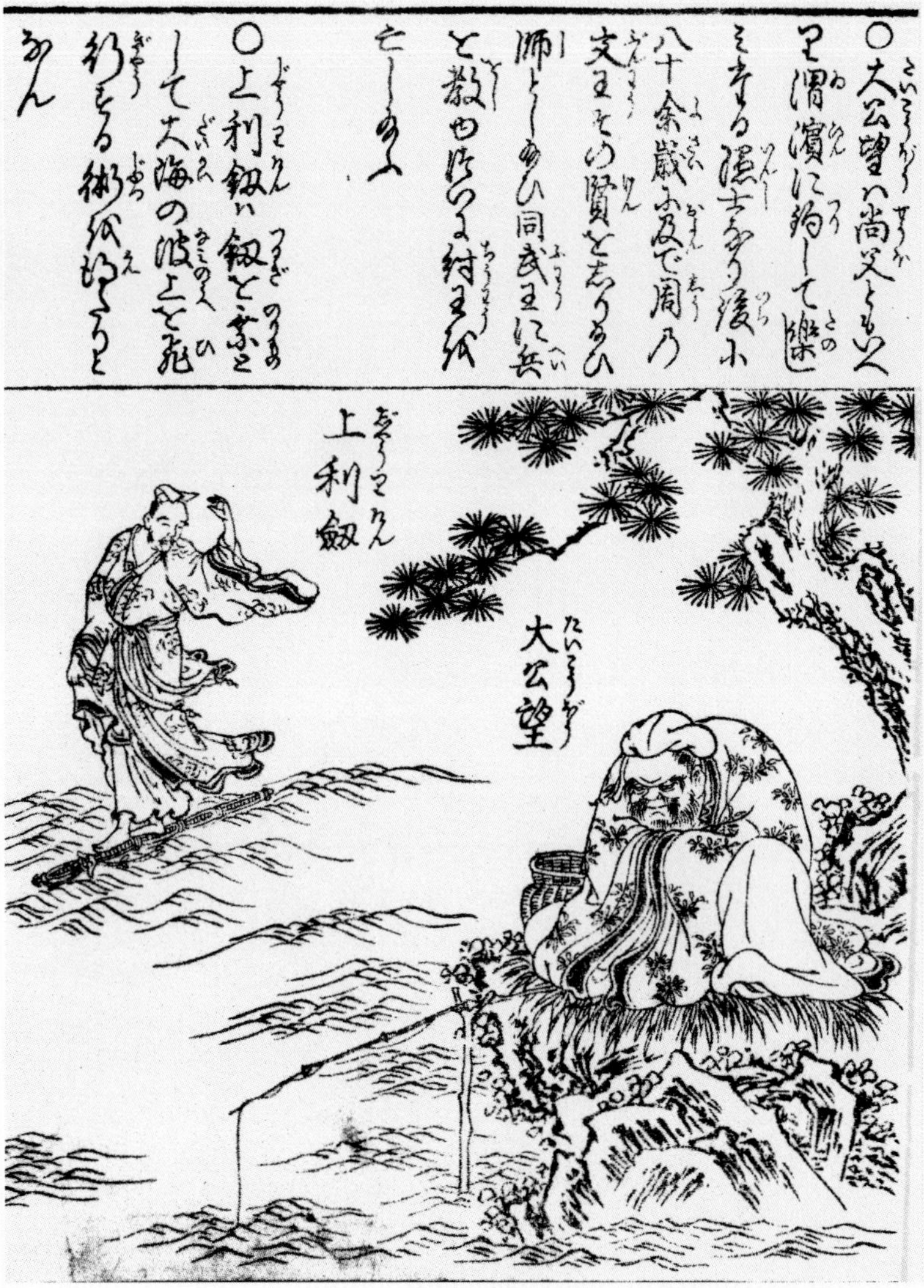

下河辺拾水《しもこうべしゅうすい》画「頭書増補訓蒙図彙《かしらがきぞうほきんもうずい》」（寛政元年・一七八九年）

人としての方が、楽しめたのでございましょう。彼《か》の北斎翁《ほくさいおう》も、上利剣《じょうりけん》の名で画《えが》かれております。という訳で「上利剣」は、「日本で誤解《ごかい》」された、仙人だったようでございます。

お皿の絵の中の仙人も、何やら楽しげで、鶴《つる》の舞いと共に「陽《よう》の気《き》」が満ちております。見ているだけで「気が晴れて来る絵」は、「心の妙薬《みょうやく》」でございます。

丁令威《ていれいい》［千年後《せんねんご》の帰郷《ききょう》］

伊万里焼《いまりやき》
江戸後期　六寸皿

このお皿に描《えが》かれている、「丁令威《ていれいい》」との名の仙人は、鶴《つる》に乗り、飛行《ひぎょう》しておられます。ところが鶴に乗って描かれる仙人には、他《ほか》にも「黄鶴仙人《こうかくせんにん》」や「費長房《ひちょうぼう》」の名が絵手本《えでほん》に見られ、往時《おうじ》の絵師の方々も、戸惑《とまど》っておられたようでございます。

と申しますのも、元禄《げんろく》八年版（一六九五年）の「頭書増補訓蒙図彙《かしらがきぞうほきんもうずい》」（図説百科事典）に、絵の説明として次のような一文があるからです。

費長房《ひちょうぼう》
「後漢《ごかん》の代乃《よの》人、仙術《せんじゅつ》をえて、鶴《つる》に乗《のり》て飛《ひ》行《ぎゃう》せり。又、丁令威《ていれいい》ともいへり」。

それはそれとしまして、中国から渡来《とらい》し、日本でも板刻《はんこく》して再製《さいせい》された「和刻版《わこくばん》」の「有象列仙全伝《うぞうれっせんぜんでん》」（慶安《けいあん》三年・一六五〇年刊）では、鶴《つる》に乗る仙人ではなく、鶴に化《け》した仙人として、次のように説明されております。

「丁令威《ていれいい》は、遼東《りょうとう》の人で、仙術《せんじゅつ》を霊虚山《れいきょざん》に学んだが、後《のち》に鶴《つる》と化《け》し、帰って来て、城門《じょうもん》の飾り柱《かざばしら》に止まって、『鳥あり鳥あり、私は丁令威《ていれいい》。家を出てから千年経った。そして帰って来たら、城郭《じょうかく》はもとのままだが、あの頃の

中村惕斎《なかむらてきさい》編「頭書増補訓蒙図彙《かしらがきぞうほきんもうずい》」
（元禄八年・一六九五年）

林守篤《はやしもりあつ》編「画筌《がせん》」
（享保六年・一七二一年）

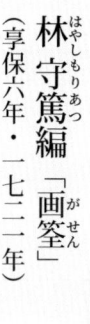

人は、誰もいない。みな仙術《せんじゅつ》を学んでおけば、もっと生きられたのに。ああ墓は累々《るいるい》と続いている』、と詠《えい》じたのです」。

それでは、その本文を、ごゆるりとお楽しみ下さい。

葛飾北斎《かつしかほくさい》画
「北斎漫画《ほくさいまんが》三編」
（文化十二年・一八一五年）

有象列仙全伝《うぞうれっせんぜんでん》

丁令威《ていれいい》は、本《もと》遼東《りょうとう》の人《ひと》也。道《どう》（仙道・仙術）を霊虚山《れいきょざん》に於《おい》て学ぶ。後《のち》に鶴と化《け》して帰《かえり》て、華表《かひょう》（城門《じょうもん》の飾《かざ》り柱）に集《とどま》りて、而《しこうして》（ここで）吟《ぎん》じて曰《いわ》く。

「鳥有《とりあり》、鳥有《とりあり》、丁令威《ていれいい》。家を去《さっ》て千歳《せんざい》、今帰来《かえりきた》る。城郭故如《じょうかくもとのごとき》にして、人民（あの頃の人々）非《あらず》（いない）也《なり》。何《なん》ぞ（どうして）仙（仙術）を不学《まなばざる》か。塚《つか》（墓）累累《るいるい》たる」。

しかしながら、日本において描《えが》かれた丁令《ていれい》威《い》は、鶴に乗った姿が目立《めだ》ちます。それは、「頭書増補訓蒙図彙《かしらがきぞうほきんもうずい》」（元禄八年版）に丁令威《ていれいい》の名が見え、また、その絵を基《もと》にして、林守《はやしもり》篤《あつ》が描かれた「画筌《がせん》」（享保六年・一七二一年刊）の乗鶴図《じょうかくず》が、広く知られていたからでございましょう。

王世貞《おうせいてい》編「有象列仙全伝《うぞうれっせんぜんでん》」
（和刻本《わこくぼん》　慶安三年・一六五〇年）

鶴に化し、故郷に帰ってきて、城門の飾り柱に止まって歌う、丁令威

武志士《ぶしし》「布《ぬの》を橋《はし》にして空中《くうちゅう》を歩《あゆ》む」

このお皿に描《えが》かれている「**武志士**《ぶしし》」も仙人のお一人で、「有象列仙全伝《うぞうれっせんぜんでん》」（和刻本《わこくぼん》　慶安《けいあん》三年・一六五〇年刊）において、次のように紹介されております。「武志士《ぶしし》は、武禅山《ぶぜんざん》で修業し、里へ行く際《さい》には、**青い布を橋として**移動したとされ、建炎年間《けんえんねんかん》（一一二七年～一一三〇年）初《しょ》に昇仙《しょうせん》したという」。

日本では、この中国風の絵を基《もと》にして、「絵《え》本故事談《ほんこじだん》」（正徳《しょうとく》四年・一七一四年刊）の中に、狩野派《かのうは》の橘守国《たちばなもりくに》画伯《がはく》が描《えが》いておられます。そしてその解説が、山本序周《じょしゅう》によって、布の色は違いますが、次のように書かれておりました。

武志士《ぶしし》
武志士《ぶしし》は、白き布《ぬの》を橋《はし》として
空中《くうちう》を歩《あゆみ》たる　仙人《せんにん》なり

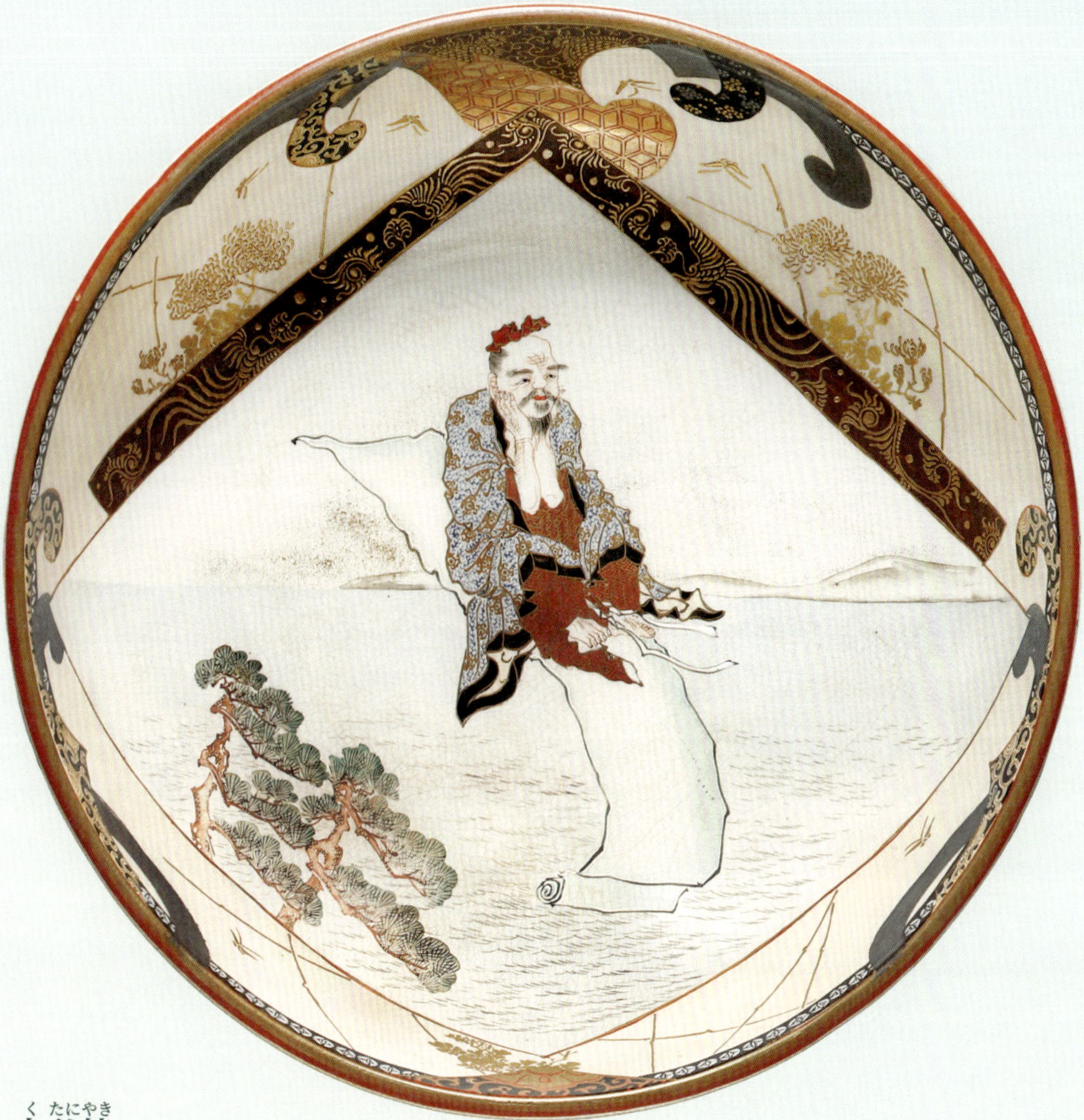

九谷焼《くたにやき》
明治～大正期　尺皿

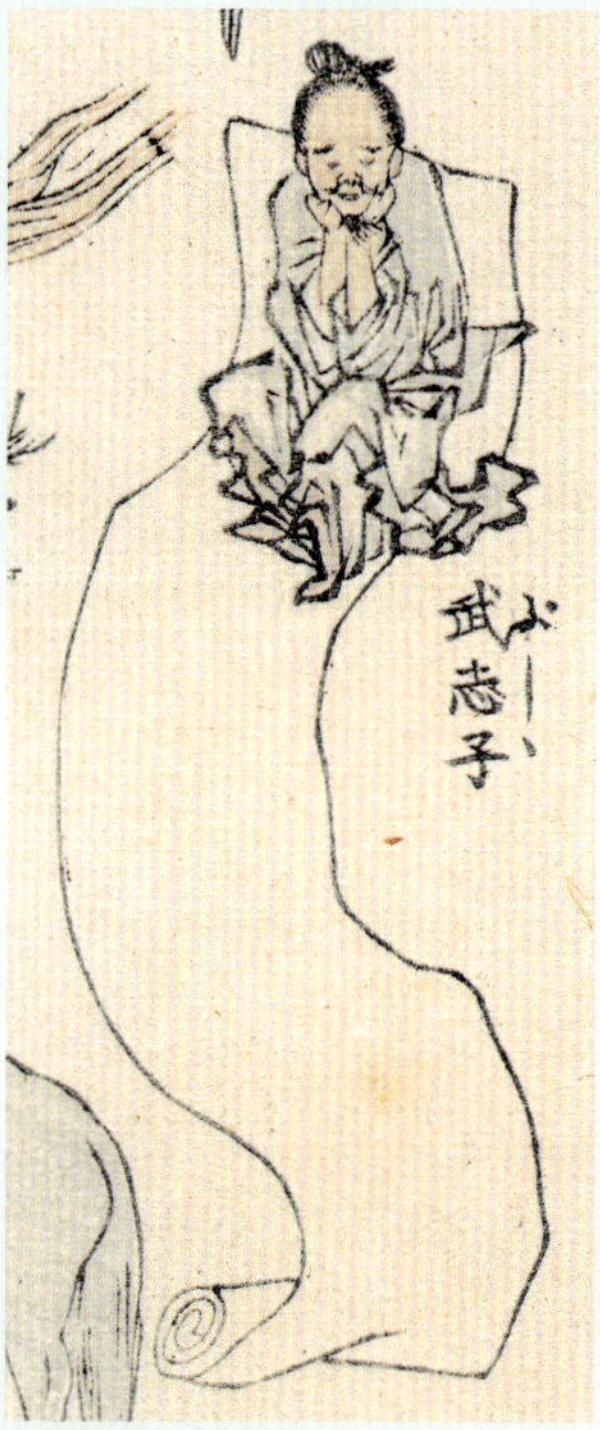

葛飾北斎画《かつしかほくさい》
「北斎漫画《ほくさいまんが》 三編」
（文化十二年・一八一五年）

王世貞《おうせいてい》編
「有象列仙全伝《うぞうれっせんぜんでん》」（和刻本《わこくぼん》　慶安三年・一六五〇年）

それにしましても、「千夜一夜物語《せんやいちやものがたり》」に、魔法《まほう》の絨毯《じゅうたん》が登場するように、洋の東西を問わず、いつの世も空中飛行は、夢だったようでございます。

そして、このお皿は、明治時代から大正時代にかけて作られたものなのですが、江戸の前期から、絵本によって広まった道教《どうきょう》の仙人は、私の親の世代までは、まだまだ知られた存在だったようです。その江戸の文化が、人々の心から消えたのは、絵画《かいが》のみならず、明治以来の「西欧《せいおう》に追い付け追い越せ」の裏返しだったのでしょうか。しかし昨今、その江戸文化が注目されてきたのは、このような絵皿や絵手本、それに神社仏閣《じんじゃぶっかく》などが残っていたからでございましょう。「まずは、後世《こうせい》に残す事也」。

張果《ちょうか》［瓢箪《ひょうたん》から駒《こま》］

伊万里《いまり》　志田焼《しだやき》
江戸後期　九寸皿

この絵皿は、諺《ことわざ》で良く知られている「思いもかけない事が、真実《しんじつ》となって現われる」という意《い》の、「瓢箪《ひょうたん》から駒《こま》」を描《えが》いております。そして、その「瓢箪から駒を出す」術《じゅつ》を持っている仙人は、現在の辞書《じしょ》によると、中国から伝えられた「張果《ちょうか》」（号・通玄《つうげん》）とされております。

しかし、伝えられた当初は、「瓢箪《ひょうたん》から駒《こま》」ではなく、「箱《はこ》から驢馬《うさぎうま》（ろば）」だったようで、「絵本故事談《えほんこじだん》」（正徳《しょうとく》四年・一七一四年刊）においても、次のように説明されております。

「張果《ちやうくは》は、白《しろ》き驢馬《うさぎむま》（ろば）に乗《のり》て、日《ひ》に行《ゆく》こと数万里《すまん》。休息《きうそく》する時は馬を折《おり》て、紙《かみ》のごとくして、箱《はこ》に入《いれ》おきたる仙人也《せんにんなり》」。

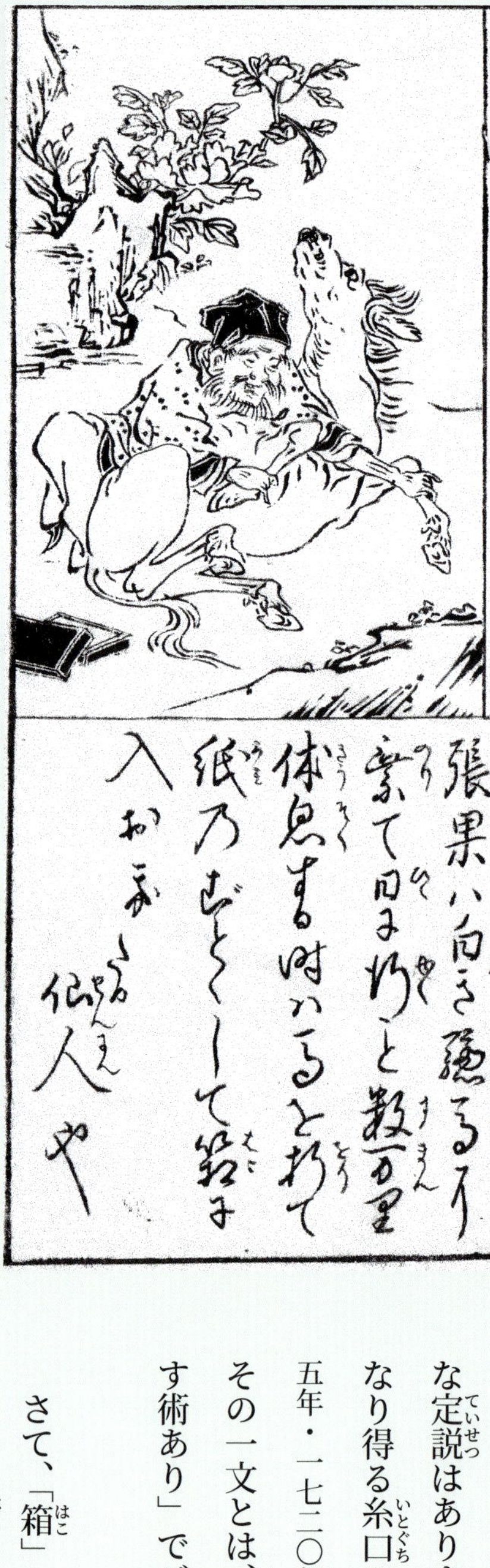

橘《たちばなもりくに》守国画「絵本故事談《えほんこじだん》」
（正徳四年・一七一四年）

橘《たちばなもりくに》守国画「絵本写宝袋《えほんしゃほうぶくろ》」
（享保五年・一七二〇年）

葛飾北斎《かっしかほくさい》画
「北斎漫画《ほくさいまんが》 三編」
（文化十二年・一八一五年）

しかし、なぜ江戸時代に、「箱《はこ》から驢馬《うさぎうま》」が「瓢箪《ひょうたん》から駒《こま》」に変化したのか、その確かな定説《ていせつ》はありません。ところが、その定説となり得る糸口《いとぐち》の一文が、「絵本写宝袋《えほんしゃほうぶくろ》」（享保《きょうほう》五年・一七二〇年刊）に、書かれておりました。その一文とは、張果《ちょうか》は「ひさごより、駒《こま》をだす術あり」でございます。

さて、「箱《はこ》」と「瓢《ひさご》」は、音が似ております。そこで「箱《はこ》から驢馬《うさぎうま》」が、「瓢《ひさご》から馬《うま》」になり、そしてそれが、「瓢箪《ひょうたん》から駒《こま》」に変化したのでは、と推理いたしました。

これはあくまでも、仮説ですが、後世《こうせい》の方の手がかりになればと思い、記《しる》させて頂きました。因《ちな》みに張果は、「張果老《ちょうかろう》」とも呼ばれますが、その「老《ろう》」とは、年配者《ねんぱいしゃ》への敬称《けいしょう》です。敬称の「敬《うやま》う心」は、お互いの心情《しんじょう》が和《やわ》らぐものでございます。敬具。

玉子章《ぎょくししょう》［土《つち》にて馬《うま》を作《つく》り千里遊行《せんりゆぎょう》］

伊万里焼《いまりやき》
江戸後期　尺皿

このお皿の絵には、馬と人物の右側に、何やら漢文《かんぶん》が書かれております。しかし、滲《にじ》んでいて、はっきりと読み取る事は、出来ずじまいでおりましたが、描《えが》かれた人物の姿に目を引かれ、その着物の袖《そで》や裾《すそ》などの、絶妙《ぜつみょう》な描写《びょうしゃ》に見入りました。

さて、このお方はどなたなのか、その答えが、「絵本故事談《えほんこじだん》」（正徳《しょうとく》四年・一七一四年刊）の中に、橘守国画伯《たちばなもりくにがはく》の描《えが》かれた絵に添えて、次のような一文に記《しる》されておりました。

玉子章《ぎょくししょう》
「子章《ししょう》は、土《つち》にて馬《むま》を作《つく》り、乗《のり》て千里《せんり》を遊《ゆ》行《ぎょう》し、水を含《ふくみ》て是《これ》を吐《はけ》ば、玉《たま》となる仙人《せんにん》なり」。

それにしましても、お皿に絵を描《えが》いた絵師

葛飾北斎《かつしかほくさい》画「北斎漫画《ほくさいまんが》三編」
（文化十二年・一八一五年）

右のお皿、漢文部分

橘《たちばな》守国《もりくに》画「絵本故事談《えほんこじだん》」
（正徳四年・一七一四年）

の、模写《もしゃ》の腕は見事でございます。そして、うっすらとぼやけていた漢文も、意味が分かれば、「玉子章《ぎょくししょう》作土馬遊行千里《つちにてうまをつくりせんりをゆぎょうす》」、と読む事ができました。

さて、北斎翁《ほくさいおう》が出された絵手本《えでほん》の「北斎漫画《ほくさいまんが》三編」（北斎数《かぞ》え年《どし》五十六歳）に、玉子章《ぎょくししょう》の絵が載《の》っております。この絵を見ていると、北斎翁が少年の頃、貸本屋《かしほんや》の小僧《こぞう》として働き、色々な絵手本に描《えが》かれた多くの絵を見て、その意《こころ》を学ばれた事がしのばれます。北斎翁の玉子章《ぎょくししょう》の絵も、もちろん、守国画伯の絵がお手本のようです。

少年の頃に見られた橘守国《たちばなもりくに》画伯の絵と、その神通力《じんつうりき》を持つ仙人の伝説は、目と心に強く焼き付いたのでありましょう。いつの世も「夢物語」は、「世俗《せぞく》を忘れさせてくれる妙薬《みょうやく》」でございます。

麻姑《まこ》［痒《かゆ》いところに手《て》が届《とど》く］

鹿背山焼《かせやまやき》
銅板絵付《どうばんえづけ》
幕末〜明治初期　五寸皿

幕末期に焼かれた山城《やましろ》（京都の南部）の、鹿《か》背山焼《せやまやき》のお皿や鉢には、なんとも不思議な人物が描《えが》かれているものがございます。鹿背山焼の事を記《しる》した文献《ぶんけん》を見ましても、その人物の名前が書かれたものはなく、長年どなたなのか、解《わか》らずじまいでした。

ところが江戸後期に、北斎翁《ほくさいおう》より三歳年下の、「谷文晁《たにぶんちょう》」の絵を集めて出版された、「文《ぶん》晁《ちょう》画譜《がふ》」（文久《ぶんきゅう》二年・一八六二年刊）に、お皿の絵と同じような、花籠《はなかご》を担《にな》い鹿を連れた女性が描《えが》かれており、その方の名を色々と調べたところ「**麻姑**《まこ》」とありました。

麻姑《まこ》は**仙女**《せんにょ》で、伝えられるところによりますと、「歳《とし》の頃は、十八、九の美しい娘」で、鳥のように「**長《なが》い爪《つめ》**」をしているとされてお

葛飾北斎《かつしかほくさい》画「北斎漫画《ほくさいまんが》三編」（文化十二年・一八一五年）

ります。また麻姑《まこ》は、**長寿《ちょうじゅ》の象徴《しょうちょう》**でもあり、三月三日の西王母《せいおうぼ》の誕生祝いの「蟠桃会《はんとうえ》」には、霊妙《れいみょう》な働きのある茸《きのこ》の、「霊芝《れいし》（万年茸《まんねんたけ》）で作った御酒《ごしゅ》」を献上《けんじょう》される、との事でございます。

谷文晁《たにぶんちょう》画「文晁画譜《ぶんちょうがふ》」（文久二年・一八六二年）

さて、とある男が「麻姑《まこ》の長い爪《つめ》で、背中を掻《か》いてもらえたら気持ちが好いだろう」と思ったところ、麻姑の兄がその心を見抜《みぬ》き怒《おこ》りました。この話から生まれた道具が、背中などを掻《か》くのに用いる「麻姑《まこ》の手（まごのて）」で、決して「孫の手」ではありません。

辞典にも、慣用句《かんようく》として、「麻姑《まこ》を倩《やと》うて痒《かゆ》きを掻《か》く」があり、その意味は、「神仙伝《しんせんでん》（麻姑《まこ》）」「物事が思いのままになること、物事がよく行きとどく事を言う。麻姑掻痒《まこそうよう》」と記《しる》されておりました。

それにしましても、どうしてこの絵をトレードマークにされたのか、それは、「鹿背《かせ》山《やま》」と言う地名と「鹿の絵」に、糸口《いとぐち》があるのでございましょう。

費長房《ひちょうぼう》［白鶴《はくかく》に乗《の》る仙人《せんにん》］

伊万里焼《いまりやき》
江戸後期　八寸皿

鶴《つる》に乗る仙人は、よく「**鶴仙人《つるせんにん》**」などと安《あん》易《い》に呼ばれますが、それは、鶴に乗る仙人が何人かおられ、なかなかどなたなのか、決めかねるからでございます。

このお皿を買い求めた、京都の東寺《とうじ》の縁日《えんにち》でも、お店の御主人の説明は、「**鯉《こい》に乗る琴《きん》高仙人《こうせんにん》と鶴仙人《つるせんにん》ですな**」との事でした。

そこで、寛政《かんせい》版の「頭書増補訓蒙図彙《かしらがきぞうほきんもうずい》」（寛政《かんせい》元年・一七八九年刊）に、このお皿の絵と同じような構図が、載《の》っていたのを思い出し、頁《ページ》を開いて見ますと、似ているようですが、左右の違いがありました。ところが裏から透かして見ると、鶴や仙人の姿が、そっくりに浮かび上って参りました。

そして、絵本には、鶴仙人の名が、「費長《ひちょう》房《ぼう》」と記《しる》されており、その説明文が、次のように書かれておりました。「費長房《ひちやうぼう》は、後漢《ごかん》（二五年〜二二〇年）の代《よ》の人なり、仙術《せんじゅつ》をまなび得て、白鶴《はくくはく》にのりて、空中《くうちう》を飛行《ひぎやう》し、あそびたる仙人《せんにん》なり」。

（左右反転）
下河辺拾水画《しもこうべしゅうすい》
「頭書増補訓蒙図彙《かしらがきぞうほきんもうずい》」
（寛政元年・一七八九年）

この本は、江戸時代有数の、図説百科事《ずせつひゃっかじ》典《てん》ですので、当時の方々にとって、鶴仙人と言えば、「費長房《ひちょうぼう》」が有名だったようでございます。しかしながら、橘守国画伯《たちばなもりくにがはく》は「費長房にあらず」と疑問視《ぎもんし》されており、その事については、次の項目の「黄鶴仙人《こうかくせんにん》」をご覧下さいませ。

伊万里《いまり》　志田焼《しだやき》
江戸後期　尺皿
（平尾豪氏所蔵）

黄鶴仙人《こうかくせんにん》［黄色《きいろ》い鶴《つる》に乗《の》る仙人《せんにん》］

伊万里焼《いまりやき》
江戸後期　一尺五寸皿

江戸時代、鶴《つる》に乗る仙人《せんにん》で有名なのは、「費長房《ひちょうぼう》」とされておりました。しかし、江戸中期に、多くの絵手本《えでほん》を出された、第一人者の「橘守国《たちばなもりくに》」画伯《がはく》は、その鶴に乗る仙人が「費長房」ではなく、「黄鶴仙人《こうかくせんにん》」（費文《ひぶん》）ではないかと、疑問を呈《てい》されました。

と申しますのも、費長房《ひちょうぼう》の事は、「後漢《ごかん》書《じょ》」（後漢の事を記した史書）や「神仙伝《しんせんでん》」に書かれており、そこには、鶴《つる》に乗ったのではなく、「青龍《せいりゅう》に乗った」とあるからでございます。

「神仙伝《しんせんでん》」によりますと、費長房《ひちょうぼう》は町役《まちやく》人《にん》でしたが、「壺公《ここう》」と言う仙人《せんにん》と出会い、仙術《せんじゅつ》の修行《しゅぎょう》をする事になりました。しかし、やがて家に帰りたくなり、その事を察《さっ》した壺《こ》公《こう》は、「これに乗って帰るとよい」と、費長

橘守国《たちばなもりくに》画
「絵本写宝袋《えほんしゃほうぶくろ》」
（享保五年・一七二〇年）

黄鶴仙人《こうかくせんにん》
代々《だいだい》（昔から）費長房《ひちょうぼう》ナリト云《いう》。
神仙伝《しんせんでん》ニ、壺公《ここう》費長房ヲ帰《かえ》ラ遣《し》メ、
一ツ之《の》竹杖《たけづえ》ヲ以《もって》、之《これ》ニ与《あたえ》テ騎《き》シム。
長房杖《つえ》ニノッテ、忽然《こつぜん》トシテ家に皈《(帰)》ル。
竹杖《たけづえ》ヲ葛波《かっぱ》ニ投《とう》ズ。
而《しこうして》此《これ》ヲカエリミレバ、青龍《せいりゅう》ナリト云々《うんぬん》。
然《しか》レバ、費長房ニアラズ。費文《ひぶん》飛行ノ図ヲアヤマル歟《か》。

房に一本の竹杖《たけづえ》を与えました。長房が竹杖《たけづえ》に乗ってみると、たちまち家に辿《たど》り着き、そこで竹杖を、葛波《かっぱ》の池に投げ込み、よくよく見ると、それは「青龍《せいりゅう》」であったとの事でございます。これらの事を、橘守国《たちばなもりくに》画伯《がはく》は、「絵本《えほん》写宝袋《しゃほうぶくろ》」（享保《きょうほう》五年・一七二〇年刊）の中に書かれております。

と言う訳で、鶴《つる》に乗っている仙人は、三国時代に蜀《しょく》の劉備《りゅうび》の家臣《かしん》であった「費禕《ひい》」で、「費文《ひぶん》」とも呼ばれております。そして、武《ぶ》漢《かん》の地の代表的な名所である「黄鶴楼《こうかくろう》」の名《めい》称《しょう》は、「費文」が、「黄色の鶴に乗って飛来《ひらい》」し、ここで休んだと言う伝説によるものでございます。

やはり、守国画伯の勉学と推理の姿は、渓《けい》斎英泉《さいえいせん》が「尋常《じんじょう》の絵師にあらず、画者《がしゃ》の釈《しゃく》尊《そん》」と評された、その通りでございます。

鉄拐仙人《てっかいせんにん》［魂《たましい》は肉体《にくたい》を問《と》わず］

伊万里焼《いまりやき》
江戸後期　尺皿

「鉄拐仙人《てっかいせんにん》」は、江戸時代において、とても人気があったようでございます。その訳は、自分の身体《からだ》の中の魂《たましい》を、口から吹き出して遊《ゆう》離《り》させる、そんな術を、持っておられたからでございましょう。

鉄拐仙人《てっかいせんにん》は、もともと立派な体格の持ち主でしたが、ある時、華山《かざん》で太上老君《たいじょうろうくん》（道教《どうきょう》の祖《そ》・老子《ろうし》）と、会う事になりました。そこで弟子《でし》に、「私の魂《たましい》は華山《かざん》に行くが、身体《からだ》はここに置いておく。もし魂が、七日経っても帰って来なければ、身体を焼いても良い」、と言って出かけられました。

ところが六日目に、弟子の母が危篤《きとく》との知らせがあり、あわてた弟子は、鉄拐仙人《てっかいせんにん》の身体《からだ》を焼いて、家に帰ってしまいました。七

葛飾北斎画《かっしかほくさいが》「北斎漫画《ほくさいまんが》 三編」
（文化十二年・一八一五年）

日目になって、鉄拐仙人の魂《たましい》は帰って来たのですが、すでに戻《もど》るべき身体はなく、それはもう困り果ててしまいました。ふとあたりを見回《みまわ》すと、足の不自由な物乞《ものご》いが、飢《う》えて倒れておりました。そこで仙人の魂は、その身体を借りて蘇《よみがえ》ったのでございます。

橘 守国《たちばなもりくに》画「絵本通宝志《えほんつうほうし》」
（享保十四年・一七二九年）

と言う訳で、お皿の絵には、足の不自由な鉄拐《てっかい》先生が、「鉄《てつ》の拐《つえ》」（鉄拐《てっかい》）を持ち、虚空《こくう》に魂《たましい》を吹き出す姿が、描《えが》かれております。

さて、橘守国《たちばなもりくに》画伯《がはく》は、絵手本《えでほん》の「絵本通《えほんつう》宝志《ほうし》」（享保《きょうほう》十四年・一七二九年刊）の中で、物《もの》乞《ご》い姿の鉄拐仙人《てっかいせんにん》を見事に描《えが》かれております。

北斎翁《ほくさいおう》も「北斎漫画《ほくさいまんが》 三編」の中で図《ず》されており、また、日光東照宮《にっこうとうしょうぐう》の陽明門《ようめいもん》の彫刻は、良く知られております。

古来、「魂《たましい》」は身体《からだ》に宿《やど》り、「精神をつかさどる」とされてきました。鉄拐《てっかい》先生のそれぞれの絵を見ていると、「魂《たましい》」は「心《こころ》」であり、「生き方」であるとの声が聞こえて参ります。その生き方とは、肉体はともあれ、それぞれの人が、それぞれの「純《じゅん》なる心《こころ》」のままに、自由に生きる事なのでございましょう。

蝦《が》蟇《ま》仙《せん》人《にん》［劉《りゅう》海《かい》蟾《せん》の説］

九谷焼《くたにやき》
明治～大正時代　一尺三寸皿

京都の百萬遍智恩寺《ひゃくまんべんちおんじ》に現存する、「蝦蟇鉄拐《がまてっかい》」の図は、中国元代《げんだい》の顔輝《がんき》の作で、室町前期に渡来したものだそうです。それ以来、東福寺《とうふくじ》の明兆《みんちょう》（画僧）や、狩野派《かのうは》の絵師によって、描《え》かれて参りました。

鉄拐仙人《てっかいせんにん》は、自分の魂《たましい》を吹《ふ》き出《いだ》す術を持ち、足が不自由なため、**鉄の拐**《つえ》（杖《つえ》）を携《たずさ》えたお方であるとされております。しかし、蝦蟇仙《がま》人と呼ばれているお方は、どなたなのか。その説には、江戸時代から「**劉海蟾**《りゅうかいせん》」説と、「**侯先生**《こうせんせい》」説がございました。

大正十四年に刊行された、「画題辞典《がだいじてん》」（斎藤隆三著）には、「劉海蟾《りゅうかいせん》」の説明があり、その内容は、およそ次のようなものでございます。

下河辺《しもこうべ》拾水《しゅうすい》画
「頭書増補訓蒙図彙《かしらがきぞうほきんもうずい》」
（寛政元年・一七八九年）

「金の宰相《さいしょう》であったが、それを返上し終南《しゅうなん》山《ざん》に入り、道（道教《どうきょう》）を学びて仙人となる。裸足《はだし》で頭髪《とうはつ》は乱れ、三本足の蟾《がま》を弄《もてあそ》ぶ姿を描き、劉海戯蟾《りゅうかいがまとたわむれ》の図と言う」。つづいて、「通常は、蝦蟇《がま》仙人として知られ、鉄拐仙人《てつかいせんにん》と対《つい》で描《えが》かれ、本朝《ほんちょう》にては、狩野派の筆《ひつ》多し」。

さて、このお皿と同じような絵が、下河辺《しもこうべ》拾水《しゅうすい》が描《えが》かれた「頭書増補訓蒙図彙《かしらがきぞうほきんもうずい》」（寛政《かんせい》元年・一七八九年刊）に載《の》っておりました。そして、その説明には、「蝦蟇仙人《がませんにん》は、つねに蝦蟇《ひきがへる》を愛《あい》せるゆへに其名《そのな》を得《え》たりとなん」とありました。

其《それ》はそれとしまして、このお二人の仙人は、世に広く知られていたようで、江戸時代のみならず、明治から大正時代にかけても描《えが》かれております。

蝦蟇仙人《がませんにん》［侯先生《こうせんせい》の説］

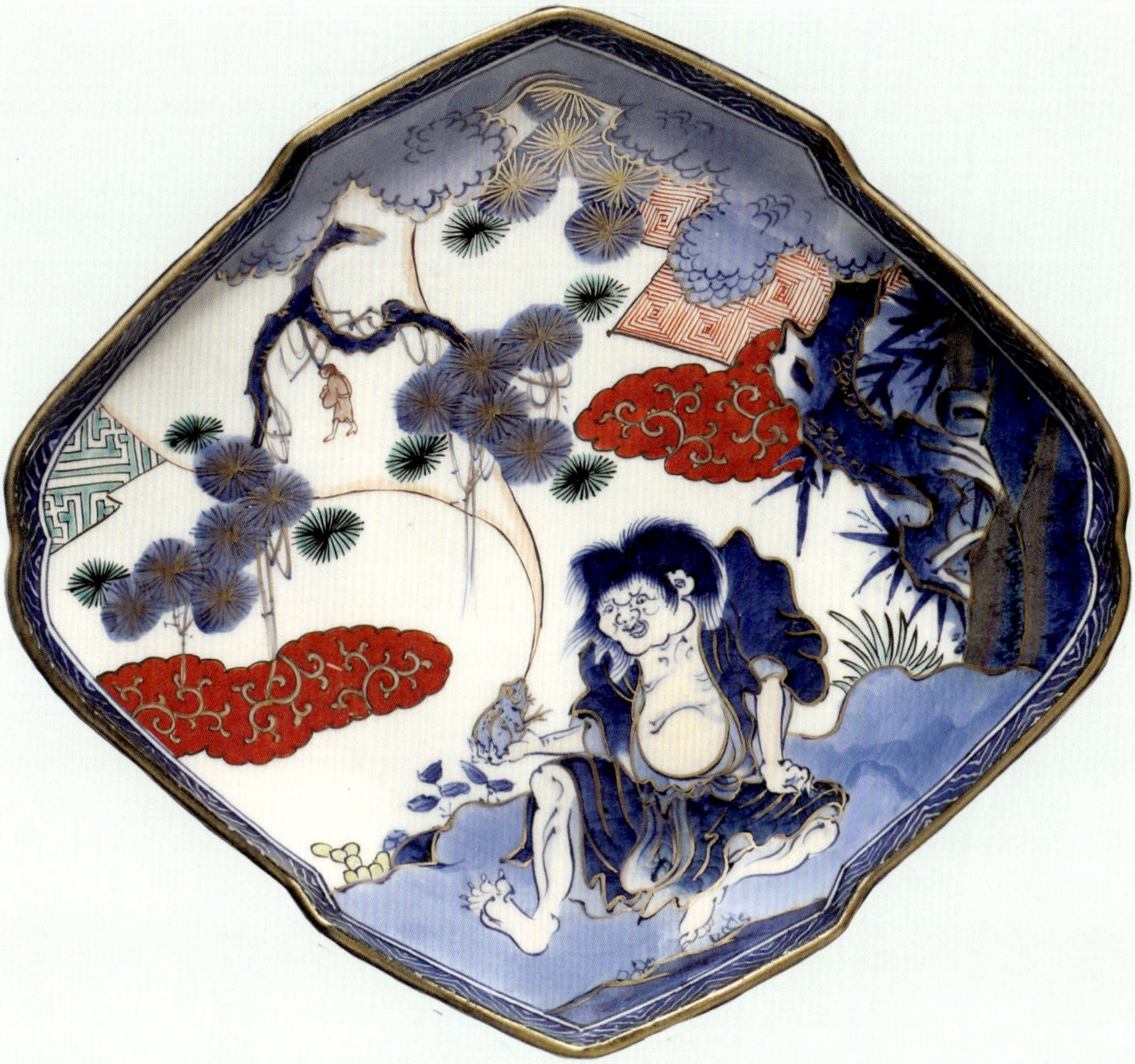

伊万里《いまり》　志田焼《しだやき》
江戸後期　尺皿

江戸時代における、蝦蟇仙人《がませんにん》とは誰なのか、それには二つの説があり、定説《ていせつ》の「劉海蟾《りゅうかいせん》」（214ページ）の他《ほか》に、「侯先生《こうせんせい》」の説がございました。その事を橘守国画伯《たちばなもりくにがはく》が、「絵本通《えほんつう》宝志《ほうし》」（享保《きょうほう》十四年・一七二九年刊）の中で、「侯先生《こうせんせい》、世《よ》ニ蝦蟇《にがま》仙人ト云《いう》、此人《このひと》ナルベシ（ママ）」と記《しる》され、劉海蟾《りゅうかいせん》説を否定されております。

そしてこの事は、日本でも和刻《わこく》された「有《う》象列仙全伝《ぞうれっせんぜんでん》」（和刻本《わこくぼん》　慶安《けいあん》三年・一六五〇年刊）に、およそ次のような物語が記《しる》されております。

侯《こう》先生は、何《いず》れの所の人なのか、よく分からない。宋の大中年間、都で薬を売っていた。年《とし》は四十余りで、髯《ひげ》や眉《まゆ》がない。身体《からだ》にいぼが見える。

橘《たちばな》守国《もりくに》画
「絵本通宝志《えほんつうほうし》」
（享保十四年・一七二九年）

葛飾北斎《かつしかほくさい》画
「北斎漫画《ほくさいまんが》 三編」
（文化十二年・一八一五年）

馬元《ばげん》と言う人、夏の月夜に、侯先生に随《したが》って城外《じょうがい》に出かけた。侯先生は、池で水浴《すいよく》をしはじめた。馬元がこっそりと覗《のぞ》きこむと、なんと大きな蝦蟇《がま》になっていた。

馬元《ばげん》は、退《しりぞ》き隠《かく》れた。侯先生は、服を着てから馬元に、「あなたは私の姿を見ましたね」と笑って言われた。

その後、連れ立って居酒屋《いざかや》へ行き、そこで侯先生は、馬元に一粒の薬を与えられた。そして、「これを飲めば、百歳まで生きられる」と言い残して姿を消された。

さて、この物語の絵が「絵本写宝袋《えほんしゃほうぶくろ》」に載《の》っておりましたので、ご覧下さい（次ページ）。そしてお皿の絵は、「絵本通宝志《えほんつうほうし》」をお手本にしたものと、見て取れます（どちらも守国《もりくに》画伯の絵）。

橘《たちばな》　守国《もりくに》画「絵本写宝袋《えほんしゃほうぶくろ》」
（享保五年・一七二〇年）

しかし蝦蟇《がま》は、鉄拐仙人《てっかいせんにん》の術のように、魂の人物を吹き出しています。これは、青絵《あおえ》の上に色絵《いろえ》を描《えが》いた、赤絵屋《あかえや》の絵師が、一対《いっつい》で描かれることも多い、「蝦蟇・鉄拐」の姿を、暗示されたのでしょう。

やはり人生は、「遊びと学び」が、心を育ててくれるようでございます。

陳楠《ちんなん》［鉄鉢《てっぱつ》より龍《りゅう》を出《だ》す］

伊万里焼《いまりやき》
江戸後期　尺皿

このお皿に描《えが》かれている、**五人の仙人**の方々の内、四人の方々は、よく知られているのですが、左上の仙人は、あまり絵皿には登《とう》場《じょう》いたしません。

まず上から、時計回りに、**鶴**に乗っている「**費長房**《ひちょうぼう》」、口から自分の魂《たましい》を分離《ぶんり》している「**鉄拐仙人**《てっかいせんにん》」、鯉に乗っているのは「**琴高仙人**《きんこう》」、そしてよく知られている**瓢箪**《ひょうたん》**から駒**《こま》の「**張**《ちょう》**果**《か》」でございます。（費長房は２０８、鉄拐は２１２、琴高は１７８、張果は２０２ページ参照）

さて、最後のお一人は、「**鉄鉢**《てっぱつ》」より「**龍**《りゅう》」を出している「**陳楠**《ちんなん》」と言う方で、その事について、「絵本写宝袋《えほんしゃほうぶくろ》」（享保《きょうほう》五年・一七二〇年刊）

鉄鉢より龍を出す
橘《たちばな》守国《もりくに》画「絵本写宝袋《えほんしゃほうぶくろ》」
（享保五年・一七二〇年）

前ページお皿の
陳楠部分

の中で、橘守国《たちばなもりくに》画伯《がはく》が絵と共に次のような内容の説明をされております。

「仙人の陳楠《ちんなん》が、蒼梧《そうご》の地に行った時、里《さと》人《びと》が雨乞《あまご》いをしていた。そこで陳楠は、鉄の鞭《むち》を執《と》って池に入り、龍《りゅう》を追いたてた。するとしばらくして、雷雨《らいう》がやってきた。また鉄鉢《てっぱつ》より、龍を出す術を持っている」でございます。

笠を浮べて渡る
橘《たちばな》 守国《もりくに》画「絵本写宝袋《えほんしゃほうぶくろ》」
（享保五年・一七二〇年）

ところで、龍《りゅう》を辞書で引きますと、「想像上の動物。平常《へいじょう》は水中に棲《す》み、時に天に昇《のぼ》り、雲雨《うんう》を自在《じざい》に支配《しはい》する」とあります。それでは、絵手本の原文《げんぶん》です。

「嘗《かつ》て蒼梧《そうご》に之《ゆく》、郡人《さとびと》雨を祈る。楠《なん》、鉄鞭《てつべん》を執《とっ》て潭《いけ》に下《お》り、龍を駆《か》る。須臾《しばらく》にして雷雨交作《らいうこもごもな》る。鉄鉢《てっぱつ》より、龍を出す術有」。

さて、陳楠《ちんなん》はまた、頭に被《かぶ》る笠《かさ》に乗り、川を渡る術も、お持ちだったようです。ある日、洪水《こうずい》に遭《あ》われ、渡し舟が出られないときに、笠を浮べて川を渡る様子が、同じく「絵本写《えほんしゃ》宝袋《ほうぶくろ》」に、説明と共に描《えが》かれております。

陳楠《ちんなん》
「披髪《ひらいかみを》て（髪に手をかけて）、日に行《ゆく》こと数百里。三山の大義渡《だいぎと》（大義の渡《わた》し）を過《す》ぐ。洪《こう》水《ずい》流《ながれ》て、舟を渡《わた》すことならず。依《よっ》て着《き》たる笠《かさ》を浮《うか》べて渡《わた》る」。

と言う訳で、陳楠《ちんなん》は、里人《さとびと》に雨《う》をもたらし、また、笠は日射《にっしゃ》を防ぐのみならず、いざと言う時には、浮き輪の役目にもなると、示唆《しさ》されているかのようです。

蝦《が》蟇《ま》仙《せん》人《にん》に陳《ちん》楠《なん》

伊万里焼《いまりやき》
江戸後期〜明治前期
一尺五寸皿

この仙人が描《えが》かれたお皿を、初めて目にした時、その仙人の名は「蝦蟇《がま》がえる」を愛する「蝦蟇仙人《がませんにん》」と、「鉄鉢《てっぱつ》から龍を出す」術を持つ「陳楠《ちんなん》」だと、即座に判ずる事が出来ました。

と申しますのも、このお皿の絵の仙人が、江戸中期に出版された絵手本《えでほん》の絵に、あまりにも、そっくりだからです。

その絵手本とは、陳楠《ちんなん》が描《えが》かれているのが「絵本写宝袋《えほんしゃほうぶくろ》」（享保《きょうほう》五年・一七二〇年刊）、蝦蟇《がま》仙人《せんにん》は、「絵本通宝志《えほんつうほうし》」（享保《きょうほう》十四年・一七二九年刊）で、共に江戸期における絵手本の第一人者、「橘守国《たちばなもりくに》」画伯《がはく》が作画された秀逸《しゅういつ》な版《はん》本《ぼん》（木版刷り）でございます。

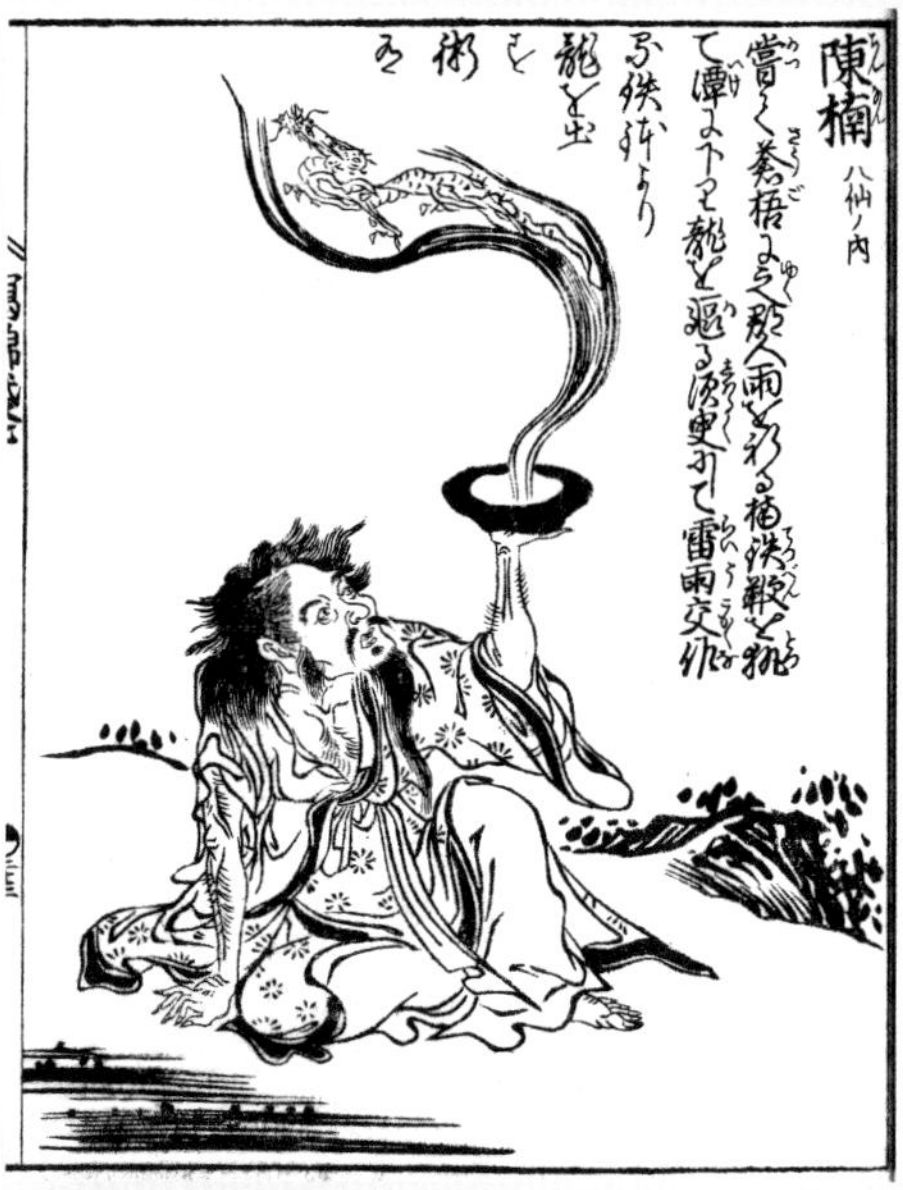

さて、気になるのは、このお皿の絵を描《えが》いた絵師が、別々の本に描かれていたそれぞれの仙人を、どうして二人並べたのかです。

仙人を二人並べた絵で、有名なものに「蝦蟇《がま》・鉄拐《てっかい》」の図があります。鉄拐は、空中に自分の姿を吹き出す事の出来る仙人で、その吹き出す様子は、陳楠《ちんなん》が鉄鉢《てっぱつ》から龍《りゅう》を出している姿と類似《るいじ》しております。

そこでこの絵は、ぱっと見たところ、有名な「蝦蟇《がま》・鉄拐《てっかい》」に見えてしまい、見る人の見落《みおと》しがちな、その盲点《もうてん》をついた、遊び心なのでございましょう。

それでは、「頭書増補訓蒙図彙《かしらがきぞうほきんもうずい》」（寛政《かんせい》元年・一七八九年刊）にある、「蝦蟇《がま》・鉄拐《てっかい》」の図と見比べてお楽しみ下さい。

上右
橘守国画《たちばなもりくに》「絵本写宝袋《えほんしゃほうぶくろ》」
（享保五年・一七二〇年）

上左
橘守国画《たちばなもりくに》「絵本通宝志《えほんつうほうし》」
（享保十四年・一七二九年）

下
下河辺拾水画《しもこうべしゅうすい》
「頭書増補訓蒙図彙《かしらがきぞうほきんもうずい》」
（寛政元年・一七八九年）

夫婦岩《めおといわ》に王子喬《おうしきょう》［三十年後《さんじゅうねんご》に家族《かぞく》に挨拶《あいさつ》］

このお皿の絵のような、「鶴《つる》に乗って笙《しょう》を吹く」仙人は、中国周《しゅう》の時代の霊王《れいおう》の太子《たいし》（王子）で、鳳凰《ほうおう》の鳴くような美音《びおん》を出す事が出来たという、「王子喬《おうしきょう》」でございます。

王子喬《おうしきょう》はある日、道教《どうきょう》の仙人である浮丘公《ふきゅうこう》に誘われ、修行《しゅぎょう》のため嵩山《すうざん》に入られました。ところが、その後、心配する家族には音信《おんしん》もなく、時は流れてゆきました。そして、なんと三十年後に鶴に乗って現われ、家族に手を振って挨拶《あいさつ》をされたとの事です。ところがその数日後、また鶴に乗って飛び去ったと、「有象列仙全伝《うぞうれっせんぜんでん》」などに伝えられております。

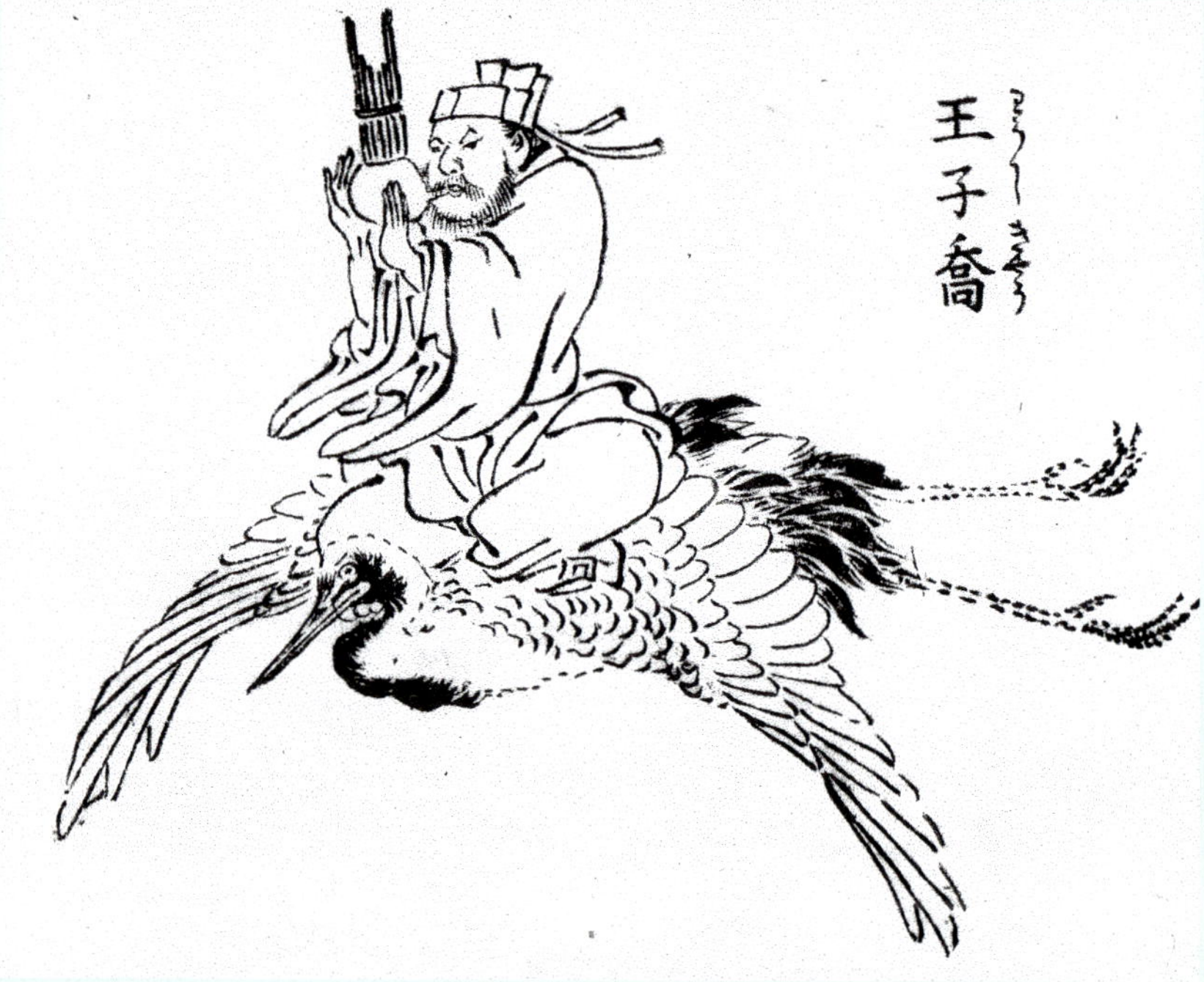

鍬形蕙斎《くわがたけいさい》画「諸職画鑑《しょしょくえかがみ》」
（寛政七年・一七九五年）

伊万里《いまり》　志田焼《しだやき》
明治初期　一尺一寸皿

このお皿には、その王子喬《おうしきょう》が、なぜか「二《ふた》見《み》の浦《うら》の夫婦岩《めおといわ》」の上の方に描《えが》かれております。その絵をよくよく見ますと、王子喬の絵は「型紙《かたがみ》」で摺《す》って絵付《えつけ》されており、その他《ほか》の雲や夫婦岩、波などは、「手描《てが》き」でございます。

そうすると、この絵は「手描《てが》きの絵師」と、「型紙《かたがみ》を作った絵型彫師《えがたほりし》」との「合作《がっさく》」という事になります。このお皿を焼いた肥前《ひぜん》（佐賀県）の志田焼《しだやき》は、明治の初めから中期の頃まで、型紙摺絵《かたがみすりえ》の美品を多く焼いております。

型紙摺絵《かたがみすりえ》の絵皿は、江戸中期の頃にも見られますが、幕末から明治の初めにかけて、改《あらた》めて手描《てが》き以外の方法として研究されました。そして、この絵皿は明治の型紙摺りの、初期の頃の作品と見受けられます。

王世貞《おうせいてい》編
「有象列仙全伝《うぞうれっせんぜんでん》」（和刻本《わこくぼん》　慶安三年・一六五〇年）
墨《すみ》摺《ず》り彩色本《さいしきぼん》（白黒の絵に筆《ふで》で色を施《ほどこ》したもの）

と言いますのも、まだ型紙摺《かたがみず》りのみで、全ての絵付けが出来る程の技術に辿《たど》りついておらず、手描《てが》きの中に型紙摺りの王子喬《おうしきょう》の絵を、試《ため》しに入れてみたと言う作風《さくふう》だからです。このような絵付けのお皿は、過渡期《かとき》の一時的なもので、今や、ほとんど見かける事はございません。

さて、この絵を判《はん》じ絵《え》と見なしますと、王子喬が鶴に乗って、夫婦《めおと》の父母《ふぼ》に会いに来られたと解くのは、如何《いかが》でございましょうか。後世《こうせい》の方々の、便《たよ》りにもならんかと思い、記《しる》させて頂きました。

黄仁覧《おうじんらん》　［日毎龍《ひごとりゅう》に乗《の》り数千里《すうせんり》］

伊万里焼《いまりやき》
江戸後期　六寸鉢

日光《にっこう》の「東照宮《とうしょうぐう》」や、京都の「西本願寺《にしほんがんじ》」には、「龍《りゅう》に乗った仙人」の彫刻が、美しく飾られており、そのお方の名前は、「黄仁覧《おうじんらん》」とされています。

一六〇〇年に、中国で刊行《かんこう》された「有象列仙全伝《うぞうれっせんぜんでん》」は、日本でも慶安《けいあん》三年（一六五〇年）に、漢文《かんぶん》に返《かえ》り点《てん》などを記《しる》し、読み易《やす》くして出版されました。この中に、「黄仁覧《おうじんらん》」が龍に乗って、妻のもとに帰る話が、興味深く書かれておりました。それを読み下しましたところ、次のような物語でございました。

黄仁覧《おうじんらん》は、字《あざな》を紫庭と言い、南城《なんじょう》の人である。父は、萬石と言い、晋《しん》の御史《ぎょし》となってい

王世貞《おうせいてい》編「有象列仙全伝《うぞうれっせんぜんでん》」
（和刻本《わこくぼん》　慶安三年・一六五〇年）

た。紫庭は、許君《きょくん》を師《し》として、尽《ことごと》く許君の仙《せん》道《どう》を習得《しゅうとく》した。そして、許君の娘を妻とした。

紫庭は嘗《かつ》て、青州《せいしゅう》の従事《じゅうじ》となって、単身《たんしん》遠方の任地《にんち》に赴《おもむ》き、妻は家に留《とど》めて、父母の世話を頼んだ。しかし、毎夜暗《まいよひそか》に妻のもとに帰って来て、翌朝《よくあさ》早く任地に戻って行ったのを、家人《かじん》は、誰も知らなかった。

ところがある夜、妻の部屋から談笑《だんしょう》する声がした。それを聞いた家人《かじん》は、父母に伝えた。姑《しゅうとめ》がこの事を訊《と》うと、妻は、「夫です」と答えた。

そこで姑《しゅうとめ》が言うには、「吾子《わがこ》は、数千里《すうせんり》も離れた任地にいて、どうしてここに帰って来る事が出来ようか」。

するとと妻は、「彼は、已《すで》に仙道《せんどう》を修得《しゅうとく》しているので、千里《せんり》の道《みち》もわずかな時間で、行《い》き来《き》ができるのです」と答えた。そして、この事は、誰にも漏《も》らしてはならぬと、戒《いま》しめられていた故《ゆえ》、敢《あ》えて姑《しゅうとめ》に、知らせなかったのだと語った。

黄仁覧《おうじんらん》
日光東照宮・陽明門彫刻《ようめいもんちょうこく》

そこで姑《しゅうとめ》は、「ならば、その証《あか》しとして、私にも息子《むすこ》を見せてほしい」と求めた。その日の夕べ、紫庭が帰って来た時、妻は一部始《いちぶし》終《じゅう》を話した。

紫庭は、已《や》むを得《え》ず翌朝父母《よくあさふぼ》と面会《めんかい》し、「自分の官庁は、遠いけれども、夜は毎《つね》に家に還《かえ》っています。しかし、仙道《せんどう》の秘密《ひみつ》を軽々《かるがる》しく泄《も》らすと、災《わざわ》いを招く恐れがあるので、敢《あ》えて父母《ちちはは》に会わなかったのです」と詫《わ》びた。

そして、頭を下げた後、竹杖《たけづえ》を取り、その竹杖を青龍《せいりゅう》と化《け》して、それに乗って再び任地《にんち》に帰って行った。

如何《いかが》だったでしょうか。さてこの小鉢は、江戸後期の伊万里焼《いまりやき》ですが、黄仁覧《おうじんらん》が描《えが》かれたものは珍しく、それは絵手本にも、あまり描かれていないからでございましょう。

八仙《はっせん》のうち　［仙人《せんにん》の特徴《とくちょう》］

伊万里焼《いまりやき》
江戸後期　七寸皿

老子《ろうし》を祖《そ》とする道教《どうきょう》の理想の人物は、仙人《せんにん》とされており、その中でもよく知られている八人の方々を「八仙《はっせん》」と呼んでおります。八仙は、日本にも伝わり、親しまれたのですが、その八人の方々の日本での組み合わせは、その時々により入れ替わりがございます。

さて、このお皿には、**五人の仙人**と、**琴**を抱《いだ》く一人の**童**《わらべ》が描《えが》かれております。そこで、この五人の仙人の方々を、江戸後期の絵手本「文鳳画譜《ぶんぽうがふ》」（文化《ぶんか》十年・一八一三年刊）の「八《はっ》仙人図《せんにんず》」に描《えが》かれた仙人の方々と、照し合わせて名前を探って参ります。

まずお皿の絵の、

◎**鉄の拐**《つえ》（杖）を持ち、口から**魂**《たましい》を遊離《ゆうり》させているのは、「**鉄拐先生**《てっかいせんせい》」。

河村文鳳《かわむらぶんぽう》画「文鳳画譜《ぶんぽうがふ》」
（文化十年・一八一三年）
右から「鍾離権《しょうりけん》」「鉄拐先生《てっかいせんせい》」「侯先生《こうせんせい》」「呂洞賓《りょどうひん》」「武志士《ぶしし》」「張果老《ちょうかろう》」「麻姑《まこ》」「謝仲初《しゃちゅうしょ》」

葛飾北斎《かつしかほくさい》画
「北斎漫画《ほくさいまんが》 三編」
（文化十二年・一八一五年）

◎後ろ向きで、腰のあたりに瓢箪《ひょうたん》が見えるのは、瓢箪から駒《こま》の、「張果老《ちょうかろう》」。
◎花籠《はなかご》を担《にな》っている女性は、「麻姑《まこ》」。
◎蝦蟇《がま》を抱《かか》えているのは、「蝦蟇仙人《がませんにん》」ともいわれる、「侯先生《こうせんせい》」。

そして画譜《がふ》には登場しておりませんが、
◎西王母《せいおうぼ》の不死《ふし》の桃を手に入れ、鹿を従えた「東方朔《とうぼうさく》」。

もう一人の琴を抱《いだ》く童《わらべ》は、麻姑《まこ》の従者《じゅうしゃ》のようで、その背景には、華《はな》やぐ松竹梅が描《えが》かれ、お皿一面に「陽《よう》の気《き》」が漂《ただよ》っております。そして、絵皿を見れば見る程、往時《おうじ》の方々が絵《え》解《と》きの推理を楽しまれた、その思いが伝わって参ります。

それでは、仙人の方々について詳《くわ》しくは、それぞれの項目をご覧下さい。

おわりに

お陰様で、このシリーズ本の二巻目を、七十六歳において梓《あずさ》に上《のぼ》らせることができました。第三巻は、次の春の頃とて、七十七歳とあいなりそうでございます。そして大尾《たいび》としている第六巻目となると、やや傘寿《さんじゅ》。

何やら近頃は、江戸時代の絵本などに馴染《なじ》んだせいか、昨今《さっこん》よく見られる、デジタル的傾向の文章に、まま戸惑《とまど》う事がございます。私も文章を書く際にそうならぬよう、心掛けているつもりですが、いか程でございましょうか。

尤《もっと》も、数値《すうち》や論理《ろんり》を大切にするデジタル的な事柄《ことがら》も大事でしょうし、また数値では表わせない感覚的《かんかくてき》な、ファジー（おおよそ）やフィーリング（こころもち）も、温《ぬく》もりがあり、心が楽になります。

そんな事もあり、このような内容の表を小さく書いて壁に貼り、頭の中で「デジタルとアナログの天秤《てんびん》バランス」を取りながら、原稿をしたためております。つまり感覚的な美の、花鳥風月《かちょうふうげつ》の鳥であっても、そこには、羽の色の違いなどの自然の論理がある事を、心得ておくという事でございます。

デジタル的	アナログ的
全て数値で表わす事が出来る	数値で表わせない部分もある
はい／いいえ （○か×か、白黒つける）	はい／いいえ／どちらでもない （第三の道）
明確 （細部まで、クリア）	明確ではない （およその全体、ファジー）
正確 （規則通り、几帳面）	正確ではない （好い加減、ほぼ、ぐらい）
論理的 （頭で考える）	感覚的 （五感の働き、フィーリング）
冷たい （クール、心を伴わない）	温かい （ウォーム、心を伴う）
独走 （分離している、部分）	協調 （つながっている、全体）

さて、次の三巻目は、「動物《どうぶつ》・日本人物《にほんじんぶつ》の巻」です。その後の四巻目は、「魚貝《ぎょかい》・中国人物《ちゅうごくじんぶつ》と二十四孝《にじゅうしこう》の巻」、そして「山水《さんすい》と八景《はっけい》・宝物縁起物《たからものえんぎもの》の巻」、「文様《もんよう》・四方山話《よもやまばなし》の巻」と六巻目まで続けて、世の子孫のために、後世に残していければと強く思っております。

ところで、絵皿の絵解《えと》きの資料として集めていた絵手本《えでほん》の、「北斎漫画《ほくさいまんが》」に描《えが》かれている絵にも、絵解きのされていない絵が多々ございます。そこで「北斎漫画の絵解き本」も残しておきたく、近々、講談社より出版させて頂く予定です（北斎漫画を謎解く・仮題）。

感性が育つ基本は、幼少期からだとされております。北斎翁《ほくさいおう》も数え年《かぞえどし》の六歳にして、好んで物の形を写され、九十歳まで描《えが》き続けられました。ぜひ、お子様やお孫さんに、一生の宝物として、このシリーズ本に、あなたのサインを入れて、文化の薫《かお》る家風の虎《とら》の巻《まき》として、プレゼントして頂ければ、幸いでございます。

この歳になった今も「プレゼントは心をおくる事」と教わった幼き日のことが思い出されます。

河村通夫拝

◉この本のご感想、ご質問などございましたら、下記のメールアドレスにお寄せください。
江戸絵皿絵解き友の会
info@kawamuramichio.com

◉「江戸絵皿の絵解き」や「河村通夫」に関しましては、下記のホームページや、インスタグラムでもお楽しみいただけます。
ホームページ　江戸絵皿の絵解き
https://etoki.kawamuramichio.com/

インスタグラム　河村通夫
@kawamuramichio2024

索引

本索引は、本文中の絵皿に関連する主要な語句を中心に掲示しています。

語句	よみ	ノンブル
南天	なんてん	20
如意宝珠	にょいほうじゅ	169
鶏	にわとり	70・72・74・76
布	ぬの	200
捻割り	ねじわり	34
白鶴	はくかく	208
白龍	はくりゅう	185
初日影	はつひかげ	20
初日の出	はつひので	20
鳩	はと	154・156・158
花籠	はなかご	206・231
蚌（蛤）	はまぐり	130
春告鳥	はるつげどり	134
蟠桃	はんとう	192・158
日脚	ひあし	20
費長房	ひちょうぼう	197・208・219
日の出	ひので	15
費文	ひぶん	210
白虎	びゃっこ	181
瓢箪	ひょうたん	202・219・231
氷裂文	ひょうれつもん・ひわれもん	60
鵯	ひよどり	152
鶸	ひわ	142
富貴	ふうき	166
夫婦仲	ふうふなか	32
福良雀・脹雀	ふくらすずめ	94
富士	ふじ	104
武志士	ぶしし	200
不老長生	ふろうちょうせい	192
平安	へいあん	156
平和	へいわ	159
碧鳥	へきちょう	146
鳳凰	ほうおう	168・172・174
鳳眼	ほうがん	174
豊穣	ほうじょう	107
牡丹	ぼたん	124・162・166
杜鵑	ほととぎす	140
舞鶴	まいづる	38
籬	まがき	144
真鴨	まがも	84
巻水	まきみず	60
麻姑	まこ	206・231
松	まつ	24・27・96・98・160
真鶸	まひわ	143
鷦鷯	みそさざい	144
むかい鶴	むかいづる	35
夫婦岩	めおといわ	224
繡眼児・目白	めじろ	122
紅葉	もみじ	12
桃	もも	122・158・190・192
柳	やなぎ	86・88・112・140
柳桜	やなぎさくら	88
雪	ゆき	68
雪持ち竹	ゆきもちたけ	91
雪輪	ゆきわ	90・95
陽烏	ようう	56

著者

河村通夫［かわむら・みちお］

1948年、彦根藩・井伊家の御殿医の子孫として、滋賀県河村医院にて生まれる。京都育ち。自然流生活研究家、江戸絵皿絵解き研究家、ラジオパーソナリティー。1969年、札幌にてフォークの店「パフ」を設立。25歳の時、札幌STVラジオで番組を担当する。その後、76歳の現在まで50年間継続し、現在の番組名は「河村通夫の桃栗サンデー」。また、全国ネットのラジオ番組「河村通夫の大自然まるかじりライフ」も、35年を超す長寿番組である。32歳で岩見沢近郊の山を自らの手で開墾し畑や庭を作り、本格的に衣食住の研究生活に入る。この間に江戸絵皿千枚、江戸絵手本など八百冊ほどを収集し、照合研究をする。また京都西陣の町家を、娘婿と共に、鉋（かんな）を手に15年かけて修復し、景観重要建造物に指定される。
主な著書にベストセラーの「米ぬか健康法」、「自然塩健康法」（ともに小学館）、「江戸絵皿絵解き事典」、「毎日簡単！イラストおかず」（ともに講談社）。LPレコードに「雪割りの下」（東芝EMI）、「十勝野」（CBSソニー）。日々の暮らしの研究から開発した、発売39年目の米ぬか食品「ぬか玄」、「草取り知らずの敷きつめ堆肥」などは、全国的にロングセラーとして、信頼を得ている。

北斎時代の「絵手本」で「絵皿」を解く 2
鳥・仙人の巻

2024年10月5日　初版発行

著　者　河村通夫
資料補正・作画　若杉佳子
原稿校正・整理　油川香織
撮影　野村写真事務所
発行者　伊住公一朗
発行所　株式会社 淡交社
［本社］〒603-8588 京都市北区堀川通鞍馬口上ル
営業　075-432-5156　編集　075-432-5161
［支社］〒162-0061 東京都新宿区市谷柳町 39-1
営業　03-5269-7941　編集　03-5269-1691
www.tankosha.co.jp

装訂・レイアウト　大西未生（株式会社ザイン）
印刷・製本　TOPPANクロレ株式会社

ISBN 978-4-473-04577-5

様へ

より

年　月　日